# 홍정민의 경제를 읽어드립니다

# 홍정민의
# 경제를 읽어드립니다

홍정민 지음

꿈꾸는 정원

| 추천의 글 |

# 이 책을 읽고 비로소, 한국 경제의 밝은 미래가 보인다

류근관(서울대학교 경제학부 교수, 前 통계청장)

교수로서 이제껏 많은 추천서를 썼지만, 국회의원 제자가 내는 책에 추천의 글을 쓰기는 처음이다. 낯설지만 기꺼이 쓰기로 했다. 내게는 홍 의원보다 홍 박사가 더 익숙하다. 글을 부탁받고 바로 책의 원고를 읽기 시작했다. 책을 펴자마자 단숨에 다 읽어 내려가긴 참으로 오랜만이다. 이 책은 그간 홍 박사가 어떻게 살았는지, 홍 박사 본인의 생생한 육성으로 시작한다. 대학 졸업 후 만 스물넷에 결혼한 홍 박사! 숨 가쁘게 전개된 취직, 출산, 육아, 사직, 변호사, 박사, 재취업, 창업, 그리고 정계 입문에 이르기까지 일련의 과정이 담백하게 그려져 있다. 홍 박사 개인의 인생사가 담겨 있다. 그 어떤 대하 드라마보다 더 드라마틱하다. 읽다가 애잔함이 밀려와 가슴이 먹먹해졌다. 모의고사 전국 1등, 단 22

개월 만의 사법고시 합격, 두 아이 키우고 가계를 책임지며 경제학 박사 취득, 첫 창업부터 곧바로 성공하는 등 홍 박사의 믿기지 않는 이력 뒤에는 누구보다 큰 아픔과 그 아픔이 빚어낸 잔잔한 감동이 있다.

홍 박사의 그간 사십여 인생사는 우리나라 역사를 닮았다. 우리는 일제 식민지, 전쟁의 폐허를 딛고 우뚝 일어섰다. 눈앞의 어려움 속에서도 희망의 끈을 놓지 않았고, 교육에 투자했고 허리띠를 졸라맸고 나보다 가족을 걱정했고 오늘보다 내일을 생각했다. 우리 어머니도 그랬고 홍 박사도 그랬다.

중국의 오늘을 있게 한 지도자 등소평은 '검은 고양이든 흰 고양이든 쥐만 잘 잡으면 된다'고 했다. 그는 중국의 지도층이 낡은 이념보다는 실용과 실증으로 변화하기를 촉구했다. 느닷없이 이념논쟁이 전개되는 우리의 정치 현실은 어떤가? 마치 '쥐는 잡을 필요조차 없다. 고양이는 희거나 검어야 한다'라고 말하지 않는가. 정치에 신물이 난 국민은 나날이 늘고 있다. 적폐청산(積弊淸算)이란 오랫동안 쌓인 폐단(弊端)을 씻어버린다는 뜻이다. 시간적으로는 과거를, 공간적으로는 타아(他我)를 부정하는 적개심의 발로다. 현 정부, 이전 정부 가리지 않고 늘 새로운 게 최선이라는 듯 행동한다. 한데 하늘 아래 새로운 건 없다.

세계 질서는 재편되고 경제적 불확실성은 커지고 국민의 삶은 팍팍해져만 가는데 집권층은 과거 부정하기로 시간을 허비한다. 앞날을 세우기 어려우니 지난날 지우기를 선택한다. 여기저기서 네 탓 타령이나 한다. 국가통계만 해도 그 생산과 해석, 해석의 재해석은 있었을지언정 과연 통계청에 의한 통계 조작이 있었단 말인가? 가능하기나 하단 말인가? 왜 했단 말인가? 우리 정부가 앞장서 우리 통계를 부정하는데 세계 어느 나라가 대한민국의 통계를 믿겠는가. 국제적으로 국가 신뢰도가 추락하고 있다. 힘들여 쌓은 국가 통계 자산이 무너져 내리고 있다. '통계는 수치로 적는 삶의 기록, 또 하나의 역사'인데 안타깝게도 역사 부정하기가 자행되고 있다.

온고지신(溫故知新)이란 옛것을 익혀 새것을 터득하라는 교훈이다. 타산지석(他山之石)이란 다른 산의 나쁜 돌이라도 자기 산의 옥돌을 가는 데 쓰라는 가르침이다. 온고지신이나 타산지석의 자세는 역사로부터든 남에게서든 뭔가 배우려는 겸손함이지,

과거를 부정하고 타아를 비난하는 오만함이 아니다.

드문 일이다. 정치 신인인 홍 박사는 척박한 정치 환경 속에서도 경제학 박사로서, 국회의원으로서 전문성과 품격을 지키고자 몸부림쳤다. 일찍이 홍 박사는 개인과 회사의 방대한 자료를 연계 분석하여 탁월한 박사학위 논문을 썼다. 개별 경제주체의 삶이 녹아든 자료를 새김으로써 그들의 신용도를 보다 정확히 측정할 뿐만 아니라 개별 자료를 종합하여 경제 전반의 흐름을 보다 낫게 예측했다. 자료는 숫자로 기록된 역사다. 개인 자료에는 개인의 인생사가 담겨 있고 기업 자료에는 기업의 흥망성쇠가 담겨 있다. 홍 박사는 자료 분석을 통해 지난날을 되돌아보고 앞날을 준비하는 출중한 경제 전문가다.

고등학교 시절 홍 박사는 동전을 던져 문과를 택했고, 어쩌다 마주친 『죽은 경제학자의 살아있는 이야기』라는 책을 읽고 경제학을 선택했다. 지난 4년간은 경제 전문가로서, 정치 신인으로서 우리 국민 개개인과 우리 기업 하나하나의 살아가는 모습을 구체적으로 들여다보고 입법으로 지원해오고 있다.

이 책에는 새내기 국회의원으로서 홍 박사가 우리 경제, 산업, 그리고 스타트업 생태계에 대해 지난 4년간 치열하게 고민한 흔적이 기록되어 있다. 국가 경제에 대한 홍 박사의 통찰력과 그 구성원인 국민과 기업에 대한 애정이 드러나 있다. 홍 박사가 읽어주는 오늘의 경제를 들으면 우리 경제의 오늘이 보이고 내일이 그려진다. 우리 사회가 실용과 실증에 기반한 합리주의를 정착시키려면 홍 박사 같은 정치 신인에게 힘을 실어주어야 한다. 우리 사회가 큰 격려를 보내야 한다. '살아 있는 경제학자의 죽은 이야기'가 난무하고 '기존 정치인의 낡은 정치'가 판을 치는 시기에 홍 박사에게 거는 기대는 크다.

홍 박사가 작은 목소리로 큰 정치 이루길 희망해본다. 홍 박사를 보면 겨울이 오는 길목에서도 우리 정치에 봄의 싹이 움트고 있음을 느낀다. 훌륭한 제자가 저자가 된 귀중한 책이 나왔으니 아무런 주저 없이 누구에게나 (저자, 책)을 패키지로 추천한다.

| 추천의 글 |

# 경제학자, 법률가, 스타트업 CEO, 국회의원이 한국 경제에 대한 진단과 해법을 모색한 책

윤호중(국회의원, 前 더불어민주당 비상대책위원장)

철학자 니체는 차라투스트라라는 초인을 통해 "인간은 극복되어야 할 그 무엇"이라고 말했다. 나아가 "인생의 목적은 끊임없는 전진이다. 먼 곳을 항해하는 배가 풍파를 만나지 않고 조용히 갈 수만은 없다. 풍파는 늘 전진하는 자의 벗이다"라고 했다.

지난 21대 총선을 앞두고 더불어민주당 사무총장을 맡고 있던 나는 인재 영입에 많은 공을 들였다. 당시 많은 인재들이 있었는데 그 가운데 '홍정민'은 누구보다 눈에 띄는 인재였다. 홍정민이 살아온 길은 역경을 극복해 나가며 전진해온 삶, 그 자체였다.

IMF 부도 위기를 맞은 가정에서 서울대학교 경제학부를 졸업

하고, 대기업의 직장인이 되어 다니면서 결혼을 하고, 잇따른 출산과 육아를 도맡아 하면서도 독학으로 22개월 만에 사법고시에 합격하고, 경제학 박사학위를 받은 후 인공지능(AI) 스타트업을 창업해 CEO를 맡은 여성 홍정민. 어려운 환경과 여건 속에서도 그는 웬만한 사람들이 한 번의 인생을 살면서 한 번도 이루기 힘든 여러 가지 일들을 연달아 해냈다. 삼성경제연구소 경제학자, 변호사, AI 법률서비스 CEO 등 화려한 경력의 소유자였다. 그런데 그 이면에는 워킹맘, 경력단절 여성, 독학으로 고시 준비 등 여러 풍파를 극복한 경험의 소유자이기도 했다. 홍정민은 세찬 바람과 험한 파도를 벗으로 여기며 전진해왔을 것이다.

모든 일에 다 풍파가 있기 마련이듯 정치에도 숱한 풍파가 있다. 정치는 그 풍파에 맞서 때로는 투쟁하고, 때로는 대화하며, 조정과 협의, 중재와 타협 등 지난한 과정을 슬기롭게 극복해 가면서 민생을 살피고 국민과 함께 미래로 전진해나가야 한다. 그런 면에서 홍정민의 삶은 그가 누구보다 더 정치를 잘해 낼 인재임을 증명하고 있었다.

아니나 다를까 국회에 들어온 홍정민 의원은 비록 초선의원임에도 당의 원내대변인을 맡아 그 역할을 충실히 잘 해냈고, 과학기술정보방송통신위원회, 산업통상자원중소벤처기업위원회, 여성가족위원회, 예산결산특별위원회, 정치개혁특별위원회 등 다양한 분야에서 맹활약했다. 그의 열정은 누구도 감당할 수 없었다. 각종 언론사가 선정하는 국정감사 우수의원은 그의 몫이었다. 홍정민 의원은 국회에서도 전진하고 있었다.

홍정민 의원은 국회의원이 된 이후에도 경제학자로서 한국 사회가 직면한 경제 현안, 산업 육성과 벤처 활성화 방안 등을 고민하며 언론에 칼럼을 연재해왔다.

이 책은 바로 그에 대한 기록이다. 인간 홍정민의 삶과 일에 대한 열정, 경제학자와 스타트업 창업 및 경영을 했던 홍정민 박사의 경험, 국회의원 홍정민이 바라본 한국 사회와 경제를 진단하고 그 대안을 담아내고 있다. 나아가 미래 한국 경제의 또 다른 희망이 될 스타트업에 대한 전망과 조언을 내놓는다.

지금 세계 질서는 빠르게 변화하며 새롭게 재편되고 있다. 미중 패권경쟁의 격화와 미국에서 시작된 보호무역주의의 EU로의 확대, 공급망 전쟁 등 경제적 불확실성의 증가는 한국 경제에 어두운 먹구름을 드리우고 있다. 국민의 삶은 바람 앞의 등불 같고, 미래는 거센 파도 앞에 직면해 있다. 이 풍파를 어떻게 헤쳐 나갈 것인가.

홍정민 의원의 책 《홍정민의 경제를 읽어드립니다》에서 그 힌트를 찾아보자. 제도와 정책을 잘 활용해서 기회가 많은 사회를 만들고, 사람마다 출발선이 다른 사회를 좀 더 나은 사회로 개선해보고 싶은 마음에서 정치를 시작했다는 홍정민 의원. 이 책을 읽어보면, 홍정민 의원이야말로 그가 마음먹은 정치를 현실에서 실현해 내는 더 큰 정치의 길로 한 발짝 나아갈 더 큰 인재가 될 것임을 부정할 수 없을 것이다.

## 차 례

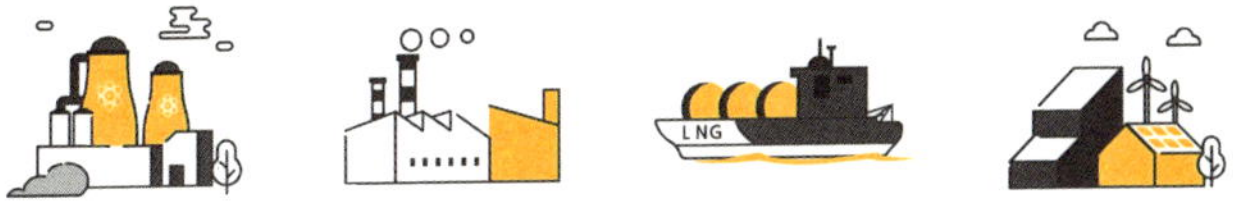


## 3부 경제 회복을 위한 성장동력, 산업



## 4부 또 다른 희망, 스타트업

# 프롤로그

경제학 박사, 경제연구소 수석연구원, 변호사, 스타트업 창업가, 그리고 국회의원.

저를 수식하는 여러 가지 표현이 있습니다. 그중에서 가장 익숙하고 좋아하는 표현을 묻는다면 주저 없이 경제학자를 꼽을 것 같습니다.

동전처럼, 우연처럼 만난, 열여덟 살 처음 꾸었던 경제학자의 꿈은 20년 만에 겨우 이룰 수 있었습니다. 꺼내 보이기 쑥스러움을 무릅쓰고 경제학자로 이르는 저의 여정을 책의 앞부분에 담았습니다. 결혼과 육아를 거치면서 제 진로는 궤도이탈로 점철됐지만, 지나고 돌이켜보니 엄마였기 때문에 가능했던 경제학 박사로의 길이 더욱 소중하게 다가옵니다.

2020년 제21대 국회의원이 되고 지난 4년간 의정활동을 이어오면서도 경제학자로서의 시각을 잃지 않으려 노력해왔습니다. 저의 상임위 정책질의나 대정부 질문, 입법 활동은 물론 지역구 활동까지도 늘 경제성장, 산업육성, 벤처 스타트업 활성화를 염두에 두었습니다.

참 감사하게도 국회의원이자 경제학자로서의 제 생각을 경제지(매일경제, 전기신문 등)에 정기적으로 실을 기회가 주어졌습니다. 기고문에 담았던 우리 경제 현실에 대한 진단과 성장을 위한 제언들을 이번에 책으로 엮어냈습니다. 여기에는 제 지역구인 일산에 기업유치와 산업육성을 실현하기 위해 고민해왔던 지점들도 스며들어 있습니다.

기고문은 지면 공간의 제약으로 압축적으로 작성되는 특성이 있습니다. 시간이 조금 흐른 지금에도 당시의 기고문을 쉽고 자세하게 이해하실 수 있도록, 기고문 작성 당시의 전후 맥락과 배경 설명, 그리고 당시 어떤 고민을 했었는지도 해설처럼 곁들였습니다.

부족하지만, 너그러이 읽어봐 주셨으면 좋겠습니다.

책을 쓰는 과정에서 지나온 세월을 돌이켜보니 감사한 분들이 참 많았습니다. 그 마음을 글로 다 담기 어렵지만, 이 기회에 저의 진심을 전하고 싶습니다.

늘 아낌없는 지원해주는 남편과 아이들, 특히 두 아이의 육아에 허덕이느라 녹초가 됐던 제가 사법시험 합격도, 경제학 박사 학위도 받을 수 있게끔 당신의 꿈도 뒤로한 채 무한한 도움을 주었던 나의 치트키 엄마, 그리고 아빠께 깊은 사랑과 감사를 전합니다.

끝으로 의정활동을 더 탄탄하게 채워주는 보좌직원들과 따뜻한 격려를 보내주시는 지역의 지지자분들께도 한분 한분 진심 어린 감사의 말씀을 드립니다.

2023년 가을, 국회의원회관 326호에서

경제학자 홍정민 드립니다.

1부

# 나의 운명, 나의 경제학

동전과 경제학

2지망과 데이터와의 만남

불완전 정보와 다시 경제학

행동경제학과 궤도이탈

확률 법칙과 사법고시

엄마라서 경제학박사

꿈★은 이루어진다, 삼성경제연구소

아웃라이어와 스타트업 도전

"인생이란 초콜릿 상자와 같단다. 뭐가 걸릴지 아무도 모르거든."

(Life is like a box of chocolates. You never know what you're gonna get.)

영화 〈포레스트 검프〉(Forrest Gump, 1994)에서 주인공 포레스트의 엄마가 아들에게 해주는 말이다. 상자를 열면 한 칸에 한 알씩 들어 있는 각각의 동그란 초콜릿 안에 무슨 맛이 숨겨져 있을지 모르듯이, 인생도 지금 이 순간의 선택이 나중에 어떤 결과를 불러올지 모르기 때문이라는 뜻이다.

나는 이 영화 대사만큼 내 지난 삶을 잘 설명하는 말이 없다고 생각한다.

내 나이 열여덟이 돼서야 겨우 찾은 경제학자라는 꿈은 거의 20년 만에 겨우 이뤘고, 그 과정은 책으로 소개하기 부끄러울 정도로 엄청난 착각과 궤도이탈투성이였다. 되돌아보니, 예상하지 못했던 경로들을 거쳐서 지금에 이른 그 모든 과정이 초콜릿 선물처럼 특별하고 소중하게 느껴진다.

시대가 어렵고 경제가 어렵다.

예전의 나와 마찬가지로 대학생 딸과 고3 아들도 진로와 인생의 방황을 겪고 있다. 영화 속의 포레스트 엄마처럼, 나도 이 아이들과 그리고 아이들 또래 친구들에게 따뜻한 응원이 될 수 있는 역할을 하고 싶다.

동전처럼, 우연처럼 만난 부족한 경제학 지식이지만 경제, 스타트업, 그리고 산업에 관한 이야기들을 모아보았다. 청년들과 우리 경제에 조금이라도 도움 되는 이야기들을 풀어가 보려 한다.

# 동전과 경제학

경제학은 합리적인 선택을 하는 데 도움을 준다. 경제학적 방법론을 통해 비용과 편익을 따지고 선택지들을 비교할 수 있다. 하지만 나는 경제학을 합리적인 것과는 전혀 무관한 '동전 던지기'로 만났다.

어릴 때부터 특별히 하고 싶거나 되고 싶은 것이 없었다. 남들 다 겪는 사춘기도 없이 친한 친구들과 행복한 중학교 시절을 보냈던 것 같다. 그러다가 비평준 고등학교에 진학하면서 갑자기 대학입시 중심으로 돌아가는 학교생활에 적응하느라 더더구나 진로 고민을 할 여유도 없었다. 내신시험 공부와 수능 준비에 급급한 채 고등학교 1학년이 훌쩍 지나가고 있었고, 학교에서는 다음 주까지 문과와 이과를 결정해서 제출하라고 했다. 친구들을 보니 의사, 과학자가 되고 싶거나 수학 과학을 좋아하는 친구들은 이과를 선택했고, 국어 영어를 잘하거나 판검사, 작가가 목표인 친구들은 문과를 선택했다. 나는 국어, 영어, 수학, 과학 과목이 모두 좋았고 되고 싶은 직업은 여전히 없었다. 특히나 친했던 친구들이 문과 이과 딱 반으로 갈라져서 어느 쪽도 쏠림이 없어 더 결정하기 어려웠다. 결국, 제출해야 할 전날 밤까지도 도저히 선택을 못 하다가 번뜩이는 아이디어가 떠올랐다. 어차피 어느 쪽으로 가도 가지 않은 길에 대한 후회가 남을 테니 '뭘 선택해도 결과가 같은 것' 아니냐는 논리로 나 스스로를 설득했다.

그러고 나니 그럼 선택을 어떻게 하느냐가 문제로 남았다. 그 순간 책상 위에 있던 동전이 눈에 띄길래 거기에 운명을 맡기기로 했다. '앞면이 나오면 문과, 뒷면이 나오면 이과' 이렇게 정하고 동전을 던졌는데 앞면이 나왔다. '문과다.' 그냥 문과로 정하려다가 이렇게 정하면 너무 성의가 없는 것 같아서 세 번을 던져서 두 번 이상 나오는 쪽으로 정하기로 조금 머리를 써보았다. 두 번째는 뒷면이 나왔다. '아… 이거 이과 가야 하나?' 마지막 동전은 다시 앞면이 나왔다. 이 정도면 되었다 싶어서 신청서에 '문과'를 써놓고 그대로 잠이 들었다.

놀랍게도 미국 경제학자 러셀 로버츠의 『결심이 필요한 순간들』(2023)이라는 책에 답이 없는 문제를 풀기 위해서는 경제적 합리성을 무시하는 접근이 필요하다는 설명이 등장한다. 러셀은 결혼, 출산, 직장, 투표 등은 답이 없는 대표적인 문제라고 하며 실제 경험하기 전까지 완전한 정보와 최적의 경로를 추정하기 어렵다고 한다. 그러면서 물리학자와 수학자도 이런 문제에 대한 해결법으로 '동전 던지기'를 제안했다고 한다. 고1 때 내가 쓴 무대포 방법론이 영화 〈오펜하이머〉(Oppenheimer, 2023)에도 나오는 유명한 물리학자 닐스 보어가 선택한 방법론이라니 당황스럽기는 하다. 더 재밌는 사실은 당시에는 세 번 중 두 번이나 앞면이 나와서 '내 운명은 문과 쪽인가 보다' 하고 맘 편히 살아왔는데, 지금 와서 계산해보니 '동전을 세 번 던져 두 번 이상 앞면이 나올 확률'은 딱 50%였다.

고등학교 2학년 열여덟 살이 되었을 때, 학교에서 진로계획서를 제출하라고 했다. 역시 아무런 계획이 없었던 나는 서점에 가서 뭘 써내면 좋을지 책들을 뒤적였다. 그때 우연히 눈에 띈 책이 토드 부크홀츠의 『죽은 경제학자의 살아 있는 아이디어』(한글판, 1994)였다. 어린 나에게 애덤 스미스, 알프레드 마셜, 케인즈, 루카스가 제시한 경제이론들이 정말 흥미롭게 다가왔다. 순간 '나도 경제학자가 되어 노벨 경제학상을 받아야지' 하는 난생처음 하고 싶은 것이 생겼다. 혹시나 그 서점에서 심리학서나 역사서가 눈에 띄었다면 다른 꿈을 꾸게 되었을지도 모르겠다.

다행히 서울대 경제학부에 입학하여 꿈에 가까워졌지만, 경제원론 수업을 들으면서 뭔가 잘못되었다는 느낌을 받았다. 막연히 동경했던 경제학은 너무 어려웠고 수업은 재미가 없었다. 학업에서 멀어지고 동전이 원망스러워지던 1997년 1학년 말, 우리나라에 IMF 외환위기가 발생했다. 아버지 사업이 어려워지기 시작해 더는 진로로 방황할 수 있는 상황이 아니었다. 2학년 때부터는 노벨 경제학상은 포기하고 경제학자 정도로 목표를 낮춰보기로 했다. 박사학위를 받기 위해 미국으로 유학을 가려면 우선 학점을 잘 받아야 했다. 미시, 거시, 경제통계학, 계량경제학 등 수업을 들으며 교수님 농담까지 필기할 정도로 수업에 집중했다. 모든 수업 내용이 망라된 내 노트는 중간, 기말 시험 기간마다 사회대 복사실에서 다량으로 복사될 정도로 인기가 좋았다. 나는 게임이론, 화폐금융론 같은 과목이 정말 재미있었고 다행히 경제학부 최종 차석으로 졸업을 할 정도로 유학 준비가 착실히 되고 있었다.

그런데 1999년 대학교 3학년 때 IMF 국가부도의 날 여파가 결국 가계부도의 날로 이어졌다. 아버지는 염료도매업을 하고 계셨는데, 아버지가 물품 대금으로 받은 어음이 만기일에 현금으로 지급되지 못하고 부도를 맞은 것이다. 1997년부터 많은 기업이 도산하고 있었는데 아버지 사업도 결국에는 그 영향을 받게 되었다. 막대한 피해를 입은 아버지는 재산을 거의 다 팔아서 손실을 메꿨다. 당시 대학교 수학여행이 제주도로 가는 일정이었는데, 나는 집안 형편이 안 되어서 못 갔던 기억이 난다. 1997년에 800원 대였던 원 달러 환율이 1,700원까지 치솟았다가 1,200원 정도 했었고 한국은행 기준금리도 5.25%에 달할 정도로 높아서 대출이자 부담도 높았다. 내가 유학을 가게 된다면 거금의 학비와 생활비가 미국 달러로 마련되어야 했기에 미국 유학은 포기해야 했다.

## 2지망과 데이터와의 만남

대학교 4학년 때 집안 사정상 갑작스럽게 취업 쪽으로 진로 방향을 틀었다. 경제학 공부와 유학시험인 GRE(미국 대학원시험) 준비만 하다가 갑자기 취업하려니 무엇부터 시작해야 할지 막막했다. 학과 사무실에 들어가서 채용공고가 뜬 회사들을 보고 지원하기 시작했다. 세 개 회사를 지원했는데 면접까지 최종 합격한 회사는 삼성화재 한 곳뿐이었다. 어차피 합격한 회사가 한 곳뿐이었으니 그 회사에 입사하면 나중에 어떤 길을 가게 되는지 고민할 겨를도 없이 2001년 1월에 신입사원으로 입사했다.

당시 대기업은 일단 공채로 신입사원들을 뽑아놓고 원하는 부서를 3지망까지 써서 부서를 배정했다. 1지망은 경제학과에서 들어본 적 있는 재무팀을 썼던 것 같고, 2지망은 뭔지는 모르겠지만 팀 이름이 멋있어 보이는 DB 마케팅팀을 썼고, 3지망 부서는 기억이 나지 않는다. 1지망은 탈락했는지 2지망 부서로 배정되었고 부서 배정이 된 후에야 나는 DB가 데이터베이스(Database)였다는 사실을 알게 되었다.

2000년대 초부터 CRM(Customer Relationship Management, 고객관계관리) 기법이 유행하면서 대기업들을 중심으로 고객 DB를 통합하고 CRM 시스템을 구축하는 일이 활발했다. 그 부서에 있던 직장 상사들은 대부분 데이터, 시스템, 통계에 정통한 컴퓨터공학과, 통계학과, 전산학과 출신이었다. 인터넷조차 활성화되지 않았던 20세기에 문과를 전공했던 나는 회사에서 무슨 말인지를 못 알아먹어서 처음에 정말 많이 헤맸다. Data warehouse, data mining부터 고객 유지모형, 이탈모형 등 공학 개념과 이론들이 어려워서 업무를 잘 따라 가지 못했고 세 번 연속으로 C- 고과를 받았다. 내 기억에 당시 삼성에서 C- 는 최하위 고과였다.

그때 나는 전공 적합도나 적성이 나와 맞지 않는 부서라는 생각은 꿈에도 못 하고 그저 신입사원이라서 그렇다고 생각했다. 부서에 경력직으로 오신 분도 많았고 대리, 과장, 차장님들은 나보다 나이도 훨씬 많았다. 스물네 살이라 나이가 어리니 언젠가는 나도 선배들처럼 잘할 수 있지 않을까 기대했다. 그래서 뭘 몰랐던 초반에는 회의마다 자료 정리하고, 복사하고, 커피 타고 선배들 책상 닦고 이런 일들이라도 해서 업무에 기여하려고 노력했다. 그래도 서당개 3년이면 풍월을 읊는다고, 2년쯤 다니니 주임으로 승진도 하고 데이터 구조에도 익숙해지고 데이터베이스 언어인 SQL, 통계분석 SAS 프로그램 등으로 몇천만 고객의 대량데이터를 다루기도 했다. 모델링과 마케팅도 이제 막 재밌어지기도 했다.

# 불완전 정보와 다시 경제학

전통 경제학에서는 완전한 정보를 전제하는 완전경쟁 시장을 가정한다. 그런데 2001년 조지 A. 애컬로프(George A. Akerlof)는 미래의 불확실성이나 불완전 정보하에서의 의사결정이 완전한 정보를 가정한 최적 선택과는 달라질 수 있다는 정보경제학 분야의 연구로 노벨경제학상을 수상했다. 나도 결혼, 출산, 육아가 내 진로에 미치는 영향이 어떠했는지 모든 걸 다 알았다면, 스물다섯 살 그 시점에 과연 그 선택을 했을까 하는 의문은 든다. 고등학교, 대학교 동갑내기 친구들 통틀어서 내가 가장 먼저 결혼하고 아이를 낳았기 때문에, 주변에서 결혼이나 육아가 힘들다는 정보를 들어볼 기회가 거의 없었다.

나는 26세 1월에 결혼했다. 만으로는 24세가 된 지 두 달 정도 지난 나이였다. 내 딴에는 당시 남편이랑 연애한 지도 3년이 넘었고 어엿한 직장도 있으니 당연히 결혼해도 된다고 생각했다. 그런데 시아버님 반대가 있었다. 이유는 남편도 나랑 동갑으로 어려서였는데, 시아버님이 딱 3년만 있다가 하면 좋겠다고 하셨다. 지금 생각하면 내가 세상을 너무 몰라서 그런 질문을 했던 것 같은데, 시아버지 될 분께 "3년 뒤에 해도 되면 지금 하면 왜 안 돼요?" 그렇게 여쭤봤다. 시아버님도 그럴듯한 반박을 할 수 없으셨는지, 아니면 남편이 걱정하지 마시라고 아버님을 설득해서였는지 그냥 허락해주셨다.

졸업을 앞둔 남편의 자취방 보증금을 빼고 내가 다니던 회사에서 무이자대출을 지원받아 북아현동 다세대주택 작은 집 전세 보증금 6천만 원을 마련했다. 큰아이를 낳고, 육아휴직과 복직을 거치면서 회사를 그만두었다. 그때 퇴사를 가장 반대한 사람이 우리 남편이었다. 당장 회사 대출금 3천을 갚아야 했고 남편보다 많았던 내 월급이 앞으로는 없을 테니 말이다. 나 역시 슬슬 재미도 붙이고 전문 분야도 생긴 회사를 떠나기 너무 아쉬웠다. 그런데 당시 병원 레지던트 1년 차였던 남편은 육아에 조금이라도 도움을 줄 수 있는 상황이 아니었고, 내가 다니던 회사는 8시 출근에 잦은 야근이 있어 혼자 힘으로 육아와 일을 병행하는 건 너무 힘들었다. 나는 훗날을 기약하며 퇴사를 결심했다.

남편도 결국 퇴사를 받아들였고 부족한 생활비는 대학원에 가서 재택으로 할 수 있는 연구보고서 용역 아르바이트로 조금은 메꾸기로 했다. 대출금은 청약저축, 보험 등 깰 수 있는 건 다 깨고 퇴직금으로도 모자라서 얼마 안 되는 결혼 예물, 아이 돌반지 등 팔 수 있는 건 다 팔아서 갚았다. 지금도 나는 결혼반지 하나 말고는 금 들어간 장신구가 없다. 그런데 이 와중에 2005년 즈음에는 금 1돈이 6~7만 원 정도에 불과했는데 지금은 35만 원 정도까지 금값이 올라서 그거 안 팔고 살 수 있는 형편이 되었더라면 하는, 정말 쓸데없는 아쉬움도 남는다.

처음에 계획한 것은 아니지만 육아로 갑작스럽게 퇴사하면서 예정에 없이 경제학 공부를 이어가게 되었다. 당시 데이터를 분석해서 작성하는 경제분석보고서가 공정거래위원회 심결, 공정거래소송 등에서 유행처럼 활용되고 있었고, 이를 작성하는 보조 연구원인 RA(Research Assistant)를 서울대학교 경제연구소 기업경쟁력연구센터에서 뽑았다. 그 센터의 RA 업무는 집에서 재택으로 데이터 분석, 경제분석을 해서 용역보고서를 작성해도 되는 일이었고, 학위과정생이어야 해서 생계형으로 아이를 돌보며 경제학 대학원 과정을 계속하게 되었다. 당시 대학원생 RA 중에는 직장 경험과 대량데이터 분석 경험이 있는 학생이 드물어서 어쩌다 보니 내가 Head RA를 맡게 되었다. 덕분에 MS 메신저 끼워팔기 소송, 초고속인터넷 서비스 시장에서의 경쟁 제한성 분석 등 당시 IT 산업에서는 굵직한 주제의 경제분석 기회를 갖게 되었다. 나는 다시 경제학의 매력에 빠지면서 경제학 박사과정에도 진학하기로 했다.

큰아이는 돌이 지나 좀 말이 통했고, 학교와 가까운 집에서 아이를 돌보며 프리랜서처럼 공부도 하고 돈을 버는 일은 할 만했다. 이 정도면 할 수 있을 것 같아서 남편에게 아이는 하나만 낳자고 했다. 그런데 3남매 중 막내였던 남편은 외동은 안 된다고 둘은 있어야 한다고 굳이 고집을 부렸다. 나도 주변 사람들이 아이 둘 키우면 자기들끼리 놀 수 있으니 훨씬 키우기 좋다는 말에 혹해서 둘째를 낳기로 했다.

# 행동경제학과 궤도이탈

전통적인 주류경제학 영역에서는 합리적인 인간을 전제로 이론을 전개한다. 그런데 인간은 때때로 비합리적이다. 감정에 좌우되고, 편향적이며, 충동적이고 근시안적인 경우도 많다. 2002년 노벨 경제학상을 수상한 심리학자 대니얼 카너먼 교수는 저서 『생각에 관한 생각』(Thinking slow and fast, 2018)에서 인간의 비합리적 측면을 보여주는 연구결과들을 제시하며 행동경제학을 설명한다.

내 나이 스물여덟에 둘째를 낳았는데, 둘째의 출생으로 나에게 향후 진로는 물론이고 일상에 닥친 변화는 어마어마했다. 둘이 있으면 혼자보다 키우기 쉽다는 건 대체 어느 집이 그렇다는 것인지 내 사정에서는 완전히 낭설이었고, 육아 난이도는 2배가 아니라 4배로 늘어났다. 두 돌 막 지난 큰아이는 요구가 많아졌고 100일도 안 된 둘째 아기는 자주 깨고 너무 많이 울었다.

200만 원 조금 넘는 남편의 월급으로 4인 가족이 살아가기에는 경제적으로도 벅찼다. 나는 둘째까지 키우느라 시간 여유가 없어서 재택 용역보고서 일도 거의 할 수 없었고, 박사과정을 계속하는 것도 불가능했다. 그러니 생활비가 부족해 극한 수준으로 아끼는 것 외에는 방법이 없었다. 큰아이에 이어 둘째까지 30개월 동안 모유 수유를 해서 분윳값을 아끼고 천 기저귀를 쓰고, 유모차도 안 사고 포대기로 업고 다녔다. 이동은 주로 지하철이나 버스였는데, 조그만 새댁이 아기를 업고 한 손에는 큰 짐을 들고 다른 한 손은 어린아이를 데리고 다니는 모습이 안되어 보였는지 아주머니들이 짐도 들어주시는 경우도 꽤 있었다.

큰아이는 어린이집에 보내보려고 했다가 엄마랑 안 떨어지겠다고 너무 울어대는 바람에 실패하고, 만 세 살 넘어서 보내기로 했다. 밤에도 잠을 자주 깨는 둘째 아기 수유하느라 늘 비몽사몽에 큰아이 밥 챙겨주고 놀아주다가 곧잘 토하고 흘리는 아이들이 만들어놓은 빨래와 청소를 하다 보면 나는 먹고 씻을 시간도 없었다. 둘째 아기가 토해놓고 우는 걸 치우면서 달래주는데 큰

아이가 뭐 꺼내달라고 조르다가 울어버리는 상황들의 연속에 잠도 못 자고 잘 먹지도 못해 기진맥진했던 나는 이도 저도 해결 못 하고 애들하고 같이 울어버린 날도 많았다. 아마도 가사와 육아에 요령이 너무 없었던 것이 아니었을까 싶다. 그 때문에 산후 우울증이 길어져서 둘째가 태어난 지 6개월 넘도록 회복되지를 않았다.

그러고 보니 그땐 왜 나 혼자 그 상황을 감당했어야 했는지 의문이 들어 얼마 전 남편에게 20년 만에 물어봤다. 남편은 "자기는 왜 그렇게 애들 키우는 데 하나도 참여를 안 한 거야?"라는 내 질문에 "아빠가 되고 정신이 번쩍 들었어. 수입은 빤한데 돈 쓸 곳은 많은 것 같고…. 병원에서 돈 되는 일은 뭐든 맡았어. 업무 외에도 야간 당직, 주말 당직, 장거리 병원 파견근무 뭐라도. 추가수당을 많이 줬거든. 48시간 넘게 잠도 안 자고 일한 날도 많아. 너한테 창피해서 이런 얘긴 못하겠더라" 이렇게 답했다.

지금 생각해보면 결혼하고 거의 5년 동안 통 남편을 볼 수가 없었다. 인턴, 레지던트 1~2년 차 때는 워낙 살인적인 일정 때문일 수도 있는데, 레지던트 3~4년 차 때도 집에 못 들어오거나 밤늦게 와서 자고 새벽에 나가는 날도 많았다.

그때는 이렇게 사는 건 지속 가능하지 않다고 생각했다. 다시 직장을 구해 돈을 벌어 아이를 맡기거나 집안일을 맡겨 이 상황을 해결해야겠다고 생각했다. 그때는 몰랐는데 지금 와서 생각해보니, 그때부터 1년만 더 지났어도 아이들이 더 크고 큰아이를 어린이집에 맡기게 되어 훨씬 살만했을 텐데 그때 나는 저 상황이 영원히 계속될 거라고 느꼈다.

채용공고를 보고 이력서를 내보기 시작했는데 합격이 예상외로 쉽지 않았다. 보험사 마케팅팀 주임 경력은 이후 3년 가까운 공백으로 거의 무용지물이었고, 박사과정생은 학위로 인정받기 어려웠다. 신입으로 지원한 곳은 여성 스물아홉은 나이가 많다는 이유로 서류에서 광탈한 듯했다. 기적적으로 서류를 통과한 회사가 있었는데, 면접에서 이전 회사 퇴직 사유를 물었다. 큰아이 육아 문제로 퇴사할 수밖에 없었다고 답했더니, 면접관은 돌이 안 된 둘째 아이를 언급하며 지금은 더 어려운 것 아니냐고 되물었다. 거기에 대답도 못 하고 말문이 막혀버렸다.

그런 과정에서 당시 짧은 생각에 내가 직장을 다시 가질 수 있는 '유일한' 방법은 자격증을 따는 것이라고 결론 내렸다. 그 와중에 내 딴에는 치밀하다고 생각했던 판단은 Full time(풀타임)으로 일해야 하는 행정고시는 아이들 육아가 쉽지 않을 수 있으니 제외하고, 시간을 융통성 있게 쓸 수 있는 사법고시를 봐야 한다고 생각했다는 점이다. 행동경제학에서 말하는 감정에 좌우되고 편향적이며 충동적이고 근시안적으로 상황을 판단하고 선택한 사례로 보인다. 그렇게 스물아홉 어느 가을날, 나는 사법고시에 도전하기로 했다.

# 확률법칙과 사법고시

사법고시 공부를 시작한 지 얼마 안 된 2006년 가을 어느 날, 드물게 남편이 정상적인 시간에 퇴근했는데 남편은 아이들이 잠들어 있으니 나에게 잠깐 바람 좀 쐬고 오라고 시간을 줬다. 육아에 지쳐 산후우울증을 겪고 있는 내 상태가 남편 눈에도 걱정스러워 보였나 보다.

정말로 오랜만에 '놀러' 시내에 나갔는데 주어진 짧은 시간 동안 할 수 있는 일은 많지 않았다. 영화관에서 〈악마는 프라다를 입는다〉(2006)를 상영하고 있길래 영화나 보면 딱 좋을 시간이라고 생각했다. 영화는 주인공인 앤디(앤 해서웨이)가 저널리스트 경력을 쌓기 위해 관심 없던 분야의 패션 매거진 「런웨이」의 잡지사 비서로 일을 시작하면서, 너무나 악마 같은 보스 미란다(메릴

스트립)로부터 엄청나게 갑질을 당하면서도 고군분투하며 성장하는 내용이다. 영화 초반에 '상사가 악마처럼 느껴질 정도로' 앤디가 직장에서 혼나는 모습을 보고 나는 극장에서 대성통곡을 하기 시작했다.

영화 장면의 의도와는 전혀 상관없이, 앤디가 테이크아웃 커피를 들고 출근하고 사원증을 걸고 직장에서 일하는 모습을 보자 예전 직장생활이 너무 그립고 직장인 앤디가 정말 부러워 그때로 돌아가고 싶어서 눈물이 멈추지 않았다. 결국 영화를 끝까지 보지 못하고 나오면서 나는 꿈을 다시 고쳐 잡았다. 다시 어떤 직장이든 출근해서 일할 수만 있다면 그것으로 충분하다고. 내 첫 꿈인 경제학자에서 궤도가 많이 이탈하고 있었지만, 어쨌든 새로운 꿈인 재취업을 하기 위한 여정을 시작했다.

미국 경제학자 찰스 윌런의 『벌거벗은 통계학』(2013) 책에 '평균회귀현상'이라는 확률 법칙이 등장한다. 야구에서 신인왕 수상자가 2년 차에는 성적이 부진한 경우도 많은데, 이에 대해 스포츠 중계에서 '2년 차 증후군(Sophomore jinx)'이라고 슬럼프에 빠졌다고 설명하기도 한다. 그런데 이를 통계학에서의 확률과 평균회귀현상으로 해석할 수 있다. 이례적인 성공은 평균적인 재능이나 노력에 이례적인 행운이 더해진 결과인데, 그러한 행운이 연속적으로 발생할 확률은 낮으므로 1년 차 때의 이례적인 행운이 2년 차에는 없는 경우 평균적인 성과로 회귀하는 흔한 현상일 수 있다는 것이다. 나는 대학생 때 통계학을 공부하면서 알게 된, 평균회귀 현상을 좋을 대로 해석하는 습관이 있다. 인생이 계속 잘 안 풀리는 것 같을 때 '불운이 연속적으로 발생하는 것은 확률적으로 매우 낮은 일이고, 우연한 불운은 독립 사건이니 다음번 도전에서는 얼마든지 우연한 행운이 가능하다'라고 스스로를 위로하고 새로운 시작을 해왔다.

내가 처음으로 전교 1등을 한 건 중학교 3학년 때였다. 전교 1등 성적표를 받아서 곧장 엄마한테 보여줬는데, 그때 정말 놀라고 좋아했던 엄마 표정을 잊을 수가 없다. 우리 엄마는 전라북도 김제 진봉면 해망리가 고향이다. 외할아버지가 돈 없다고 고등학교도 안 보내려고 했는데 엄마가 우겨서 고등학교는 간신히 나왔다고 했다. 대학은 돈이 없어서 다닐 수가 없었다. 엄마가 행복해하는 모습을 또 보고 싶었던 나는 어린 마음에 무작정 열심히 공부했다. 3년 동안 공부에 매진했고 고3 때는 수능 모의고사 전국 1등을 할 정도로 성적이 계속 올랐다. 내가 서울대 합격하던 날, 우리 엄마는 정말로 감격했다.

스물아홉 가을, 갑자기 사법고시 공부를 시작했을 때 혼자 어린 아기들을 돌보며 공부하는 건 불가능하다는 사실을 하루 만에 바로 깨달았다. 남편이 혹시 도움이 될까 싶어 고시 공부에 대해 의견을 물어봤더니 말도 안 된다는 표정으로 "공부한다고 다 합격하는 건 아니잖아"라는데, 매우 현실적인 반응이었다. 남편은 설득이 안 되겠구나… 그냥 몰래 하는 것이 낫겠다는 생각이 들었다.

어릴 때부터 내 말이라면 다 믿어주었던 엄마에게 부탁해보기로 했다. 나는 야심 차게 "엄마가 낮에 우리 애들 좀만 봐주면 낮에 내가 틈틈이 공부할 수 있고 밤에는 애들 자니까 공부 많이 할 수 있어. 오래 걸리지 않을 테니 엄마가 좀만 도와주면 안 돼?" 엄마는 10년 전 공부 잘했던 딸래미를 떠올리며 일리가 있다고 해주었다. 그렇게 엄마라는 내 인생의 치트키를 써서 사법고시를 시작할 수 있었다. 딸의 간절한 부탁을 거절하지 못해, 지금 보면 얼토당토않은 계획에 동참해주었던 것 같다. 나는 '나에게도 언젠가는 노력에 더한 이례적인 행운이 있거나 아니면 적어도 노력한 평균 정도 성과는 나올 수 있는 것 아닌가' 하는 '확률 법칙에 기반한' 믿음으로 사법고시를 시작했다.

공부를 시작한 지 6개월 만에 1차 시험에 커트라인으로 간신히 합격하고, 남은 1년 4개월 동안 2차 과목을 공부해서 총 1년 10개월 만에 사법고시에 합격했다. 1차 시험을 볼 때까지도 둘째는 모유 수유 중이어서 고시촌이나 학원에 다닐 수가 없었고, 집에서 아이들이랑 뒹굴면서 독학으로 공부할 수밖에 없었다. 엄마가 도와주어도 큰애도 손이 꽤 갔기 때문에 잠을 줄여야 간신히 공부 시간을 확보할 수가 있었다. 매일 오늘만 살고 말 것 같이 공부에 집중했다. 잘 먹지도 못하고 잠도 하루에 2시간 정도밖에 못 자서 마지막 시험 직전에는 체중이 37kg 정도까지 빠지고 머리카락도 듬성듬성 빠져 몰골이 말이 아니었다. 공부를 열심히는 했지만 고시는 운이 많이 좌우하는 영역이라 사법고시 합격은 노력에 이례적인 행운이 더해진 결과라고 지금도 믿는다.

# 엄마라서 경제학박사

2008년에 사법시험에 합격했기 때문에 자연스럽게 그동안 공부했던 경제학박사 과정은 수료로 마무리하고 법조계로 진로를 잡으려고 했다. 그런데 둘째 아이가 다섯 살이 되도록 말을 못 했다. 주변 아주머니들은 남자애들은 원래 말이 늦다며 곧 말을 할 것이니 걱정 말라고 했다. 그런데 두 살 때부터 말을 곧잘 했던 큰딸과 비교해보면 아무래도 많이 늦은 것 같아서 이 병원 저 병원을 다녀보았다. 결국 대학병원 소아정신과에 가서야 원인과 처방을 들을 수 있었다. 아이가 낯가림과 불안이 심한 성향이라, 말을 배우는 것도 일종의 낯선 일이고 이에 대해 스스로 벽을 치고 피했기 때문인 것 같다고 했다. 그러면서 소아정신과 의사 선생님은 "엄마가 애나 잘 볼 것이지 무슨 공부를 한다고 그러냐"면서 나무랐다. 무섭게 나를 혼내면서 적기를 놓치긴 했지만 지금이라도 열심히 치료하면 말을 할 수 있다고 했다.

사법시험에는 합격했지만, 연수원에 들어갈 수 있는 상황이 아니었다. 입소유예 신청을 해놓고 아이 치료에 매달렸다. 우선 소아정신과 치료, 심리 상담치료부터 시작해서 놀이치료, 언어치료를 매주 다양하게 받으러 다녔다. 몇 달 지나니 아이가 말을 하기 시작하긴 했는데 발음을 알아듣기 힘들었다. "가갸거겨고교구규그기" 이런 식으로 조음치료를 꾸준히 받아야 했다. 치료를 받으면서 아들은 발음도 조금씩 나아졌고 치료의 긍정적인 효과 때문인지 친구들과도 잘 지내고 많이 밝아졌다. 아들이 나 때문에 뭔가 엄청 잘못된 건 줄 알고 사법시험에 도전한 걸 너무나 후회했었는데, 하루하루 수다가 늘어가고 엄마랑 시간을 많이 보내면서 행복해하는 아들을 보면서 나도 다시 행복해졌다.

애들 보며 집에 있게 되었지만 큰애는 초등학교 들어가고 둘째도 낮에는 유치원에 가니, 아기들 어릴 때와 달리 시간 여유가 있었다. 박사과정 지도교수님이었던 류근관 교수님(前 통계청장)이 학위논문을 권유하셨다. 둘째 언어치료도 더 해야 하니 어차피 이렇게 된 것, 연수원을 또 미루고 박사학위 논문을 쓰기로 했다.

당시는 서브프라임 모기지(subprime mortgage) 사태로 촉발된 글로벌 금융위기 직후라 신용위험이나 경기예측에 관한 관심이 높았다. 경기나 신용위험을 예측하는 데 신속하고 정확한 자료를 활용한 모형이 있으면 좋겠다는 아이디어에서 시작했는데 실제 GDP, 국내소비지출 등 국가가 집계하는 거시통계는 집계와 가공에 많은 시간이 걸려 시차가 있고 집계오류(aggregation bias)가 발생할 우려도 있다. 또한 미시데이터라도 설문응답 방식의 자료는 응답자의 편향(survey bias)이 개입될 여지가 있다. 때문에 소비지출 미시자료로서 신용카드 거래데이터를 활용하면 거시지표 신속성을 높이고 예측력도 보완할 수 있다고 보았다. 또한 미시데이터라는 장점이 있어 유동성 제약 수준이 각기 다른 경제주체별로 연체 위험을 추정하는 모형을 만들고 분석할 수 있었다. 내가 대량데이터를 가공하고 분석하는 일에 익숙해서 지도교수님이 추천해준 학위논문 주제였는데, 너무 대용량 데이터라서 당시 컴퓨터 사양으로 데이터와 SAS, STATA 등 통계 프로그램들과 씨름하느라 정말 많은 시간을 보냈다.

서른넷에 계량경제학(Econometrics, 데이터를 이용하여 경제학 이론을 실증적으로 검증하는 등의 방법론) 분야로 서울대학교 경제학 박사 학위를 취득했다. 열여덟 살 동전 던지기로 시작된 경제학의 꿈,

집안 사정으로 갑작스러운 취업에 DB 마케팅 부서 배정, 큰애 육아 문제로 퇴사하여 학위과정을 시작하게 되고, 사법고시 합격하고도 둘째 치료한다고 경제학박사 논문까지 마치게 되었다. 결과만 보면 어떤 시련에도 꿈을 향해 달려온 것 같지만, 정말 솔직하게 고백하자면 두 아이가 아니었다면 굳이 이런 험난하고 멀리 돌아가는 길을 선택하지는 않았을 것 같다. 그래서 내 입장에서는 엄마라서 받을 수 있었던 경제학 박사였다고 생각한다.

# 꿈★은 이루어진다, 삼성경제연구소

2008년에 사법시험에 합격했는데 이런저런 우여곡절 끝에 2014년에야 사법연수원을 수료하고 2014년 2월 삼성경제연구소(SERI)에 수석연구원으로 입사하게 되었다. 그러고 보니 열여덟 살 때 막연하게 경제학자가 되고 싶었던 꿈이 37세에 이루어진 것이다. 거의 20년 만이었다. 그런데 아이 둘 키우다 보니 경제학자가 되고 싶었던 까마득한 꿈은 어느새 잊어버리고 다시 직장을 갖고 일을 하고 싶다는 꿈이 훨씬 커진 것 같았다. SERI 첫 출근 날, 꿈을 이뤘다는 생각에 너무나 감격했다.

재취업은 정규직 직장이었던 삼성화재를 퇴사한 지 딱 9년 만이었다. 출근했더니 사원증을 목에 걸 수 있었고, 동료 연구원들과 점심 먹고 테이크아웃 커피도 들고 들어왔다. 내 책상과 노트

북도 있었다. 출근 첫날부터 모든 것이 마음에 쏙 들어서 시간 가는 줄도 모르고 연구하고 일했던 것 같다.

프랑스 경제학자 토마 피케티가 『21세기 자본』(2013)으로 불평등과 양극화 이슈를 세계적으로 불러일으켰다. 나는 연구주제로 우리나라 금융 관련 조세특례제한법은 금융자산형성과 과세공평을 동시에 달성할 수 있는지, 더 최적의 개선방안이 있는지 시뮬레이션을 통해 분석해보는 내용을 제안했다. 「금융자산 형성과 불평등 완화를 위한 세제연구」(2014, 삼성경제연구소) 이 연구로 입사 첫해에 Best Research Award(최우수 연구상)를 받았다. SERI에서는 주 연구자로 입사 첫해에 이 상을 받은 사람은 없다고 했다.

그리고 2014~2015년에는 미국의 뉴노멀(New Normal), 중국의 신창타이(新常態)가 전 세계적인 화두였다. 장기적인 저성장을 새로운 정상 상태로 규정하는 G2 국가의 공통된 입장에 우리나라 경제에도 저성장의 위기가 커지기 시작했다. 1990년대까지만 해도 10%대 성장률로 초고속 성장을 하던 한국 경제가 2012년부터는 2%대 성장률에 갇히게 되었다. 나는 저성장 시대에 효율성을 찾을 수 있는 최적화 전략연구로 2016년 두 번째 Best

Research Award(최우수 연구상)를 받았다. 두 번의 수상으로 최연소 부장으로 발탁 승진되는 성과도 있었다.

2016년에는 알파고가 이세돌 9단을 꺾는 엄청난 사건이 일어났다. 인공지능에 대한 관심이 뜨거웠고 나도 인공지능, 빅데이터, 스타트업 분야로 연구 방향이 바뀌고 있었다. 2018년 SERI에서의 마지막 연구는 인공지능 추천 알고리즘(CF 알고리즘, Collaborative Filtering)을 활용한 연구였다. 인공지능과 스타트업 연구를 하다 보니 나도 산업전환 시기에 연구자가 아닌 기업가로 직접 참여하고 싶은 새로운 꿈이 생겼다. 마침 관련 연구 중에 만난 인공지능 분야 전문가도 있었고 개발자들도 있었다. 스타트업을 창업하겠다고 하니 나를 아껴주던 SERI 소장님, 동료 연구원들 모두 말렸고 남편은 가장 반대가 심했다. 남편은 늘 나의 중요한 의사결정을 반대해왔지만, 남편의 반대가 성공한 적은 한 번도 없었다.

나중에 창업하고 너무 힘들어서 남편한테 "왜 그때 끝까지 안 말리고 말리다 그만뒀냐?"고 물어봤다. 남편은 "너는 말리면 어차피 몰래 할 것 같아서 말리는 게 의미가 없어"라고 답했다. 그만큼 내가 스타트업을 꼭 창업하고 싶다는 의지가 느껴졌었나 보다.

# 아웃라이어와 스타트업 도전

아웃라이어(outlier)는 통계학 용어로 표본들 중 다른 대상들과 확연히 구분되는 예외적인 관측치를 의미한다. 그런데 이 용어는 말콤 글래드웰의 『아웃라이어』(2009)라는 책 제목으로 더 유명해졌다. 이 책에서 말콤은 아웃라이어를 보통 사람들의 범주를 뛰어넘어 성공한 사람들을 지칭하는 용어로 사용하고 있다. 말콤은 M&A 분야의 전설적인 변호사 조셉 플롬(Joseph Flom)의 사례를 들며 사실은 조셉에게 '대공황의 통계학적 행운'도 있었다고 설명한다.

미국을 덮친 대공황(1930년 후반) 이후 1940~1950년대 출산율이 급감했기 때문에, 그 시대를 산 사람들에게 더 많은 교육의 기회와 일자리가 주어졌다고 한다. 말콤은 성공하기 위해서는 개인의 실력이나 노력도 중요하지만, 주변 여건과 그 당시의 사회문화로 인한 기회도 그에 못지않게 중요하다는 설명을 하고 있다.

고등학교 1학년 때부터 지금까지 30년 동안 나는 진로와 관련된 여러 가지 선택을 해왔는데 지금도 스스로 가장 이해할 수 없는 선택이 '스타트업 창업'이다. 삼성경제연구소는 하루하루가 감사할 만큼 행복한 직장이었으며 경제학자라는 직업은 오랜 꿈이었고 적성에도 딱 맞았기 때문이다. 도대체가 당시 직장을 그만둘 이유도 없었는데, 특히 원래 도전적인 성향이 아니었던 내가 스타트업을 창업한다는 것은 참으로 뜬금없는 일이었다.

2017~2018년 사이의 벤처투자 성장세는 엄청났다. 전 세계적인 추세는 이보다 앞섰지만 이 시기에는 우리나라도 스타트업 창업 붐이 크게 불기 시작하고 유니콘 기업도 등장하기 시작했다. 당시 내가 SERI에서 주로 연구하던 분야도 인공지능, 디지털 전환, 스타트업 분야였는데 시장 동향을 보니 온라인 쇼핑, 온라인 금융으로의 전환이 급속해지고 AI 기술 속도도 엄청났다. 그에 비해 리걸테크(Legal tech) 분야는 아직 불모지인 것 같았다. 법률서비스는 아직도 문턱이 높고 디지털화와는 거리가 멀어 보

였다. 왠지 그때는 내가 나서면 사회에 크게 기여할 수 있을 것만 같았다. 한번 하겠다고 마음먹으니 아무도 나를 말릴 수가 없었고 2018년 여름, SERI를 퇴직하고 스타트업을 창업했다.

스타트업 창업 후에 벌어진 일은 사실 『아웃라이어』 책에 나온 '성공 사례'와는 거리가 멀다. 예상보다 개발 기간이 너무 오래 걸렸고, 그에 비례해서 인건비와 임대료 등 고정비용이 기약 없이 지출되는 고난의 적자 기간을 길게 겪었다. 개발이 완료되었다고 좋아했는데 그때부터가 시작이었다. 마케팅은 더 어려웠고 이름 없는 작은 스타트업의 구인난은 심각했다. 정부의 창업 지원자금 공모에도 지원했는데 통과할 행정서류 작성도 쉬운 것이 아니었다. 2번쯤 떨어지고 3번째에 간신히 심사에 통과해 작은 지원을 받을 수 있었다. 투자를 받기 위해 VC(Venture Capital, 벤처 캐피털)를 대상으로 IR(Investor Relations, 홍보활동)도 다녔었는데, VC 투자계약서가 우리 스타트업 측에 많이 불공정해 보여 계약이 결렬되기도 했다.

그럼에도 정말 여러 시행착오 끝에 창업했던 회사는 1년 반 만에 흑자전환을 했다. 내가 국회의원이 된 이후 갑작스러운 중도하차가 너무 미안해서 모든 지분을 공동창업자들에게 주고 나왔는데, 창업 6년 차인 지금은 플랫폼 개발회사로서 엄청 성장해 있다. 내가 스타트업 대표로서 성공한 것은 아니지만 '창업에 주저 없이 도전하고, 성공할 수 있는 기반을 직원들에게 만들어준 점'은 스스로도 높이 평가하고 있다.

2부

# 우리를 둘러싼 경제와 위기 진단

## 킹달러와 고유가

유가와 환율상승, 에너지 이중고

## 위기는 소리없이 강하다

네 가지 경제 위협 요소가 동시에

## '괴짜' 일론 머스크가 우리에게 준 교훈

디커플링은 과연 가능한가

| 유가·환율 |

# 킹달러와 고유가

언제부터인가 차를 타고 가다 지나치는 주유소를 볼 때마다 리터당 표시 가격을 확인하는 습관이 생겼다. 하루가 다르게 변동하는 기름값 때문에 어제보다 오늘이, 오늘보다 내일이 비쌀지도 모른다는 불확실한 마음이 도로 위를 꽉 채운다.

[연합뉴스] 증권가 "중동 확전 시 유가 상승 불가피…최고 150달러 가능"

[이데일리] 유가 또 100달러 치솟나…금리 셈법 복잡해진 연준

[국민일보] 국제 유가 4% 급등…이스라엘 · 하마스 전쟁 후폭풍

위의 각 신문사 헤드라인은 2023년 10월 10일 현재 국내 한 포털사이트에서 '유가' 키워드로 뉴스를 검색했더니 나온 결과

다. 관련 칼럼을 작성할 당시에도 고유가가 국내 경제의 큰 이슈였지만, 한 달여가 지난 현재의 집필 시점에서도 고유가는 국내 경제의 여전히 큰 이슈로 남아 있다.

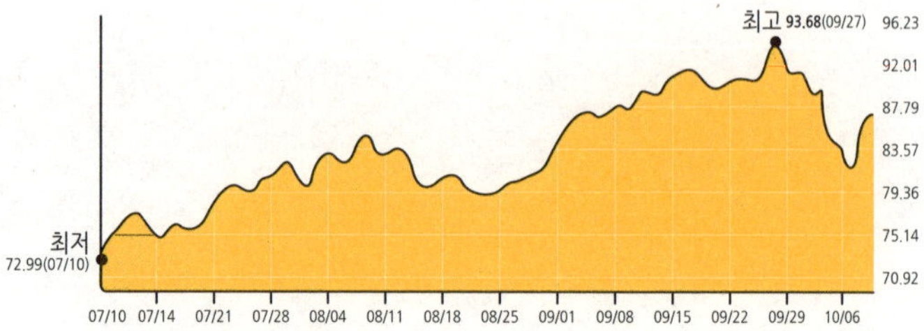


| WTI(서부텍사스유 상승 추이)

그래프로 보면 고유가 현상이 현재진행 중임을 확실히 알 수 있다. 올해 7월부터 유가는 등락을 거듭하다 9월 최고가인 93.68달러를 찍었고, 2023년 10월 10일 현재까지도 여전히 3개월 전 최저가 72.99달러보다 높은 86.38달러의 가격을 보이고 있다.

현대 사회를 살아가는 사람들 대부분이 평소 '내가 기름을 얼마나 많이 사용하는가'라는 생각을 품고 살진 않겠지만, 사실 우리는 일상생활 속에서 매일매일 석유를 소비한다. 더 정확히 말하면, 숨 쉬듯이 항상 석유를 소비하고 살고 있다고 해도 과언이 아니다.

차를 운전하는 운전자들은 물론이거니와 집 안에서 가전제품을 사용할 때에도 석유를 사용한다. 오늘날 현대인이 기름 없이 얼마나 버틸 수 있을까? 쌀을 며칠 안 먹고 살 수는 있어도, 석유를 며칠 사용하지 않고 사는 것은 불가능한 시대가 되었다.[1]

우리나라에서 석유 한 방울 나오지 않는다는 것은 의무교육을 받은 대한민국 국민이라면 다 아는 사실이다. 그러니 국내에서 사용하는 모든 석유는 백 퍼센트 해외에서 사들인다. 이렇게 사들인 석유의 가격을 '유가'라고 말한다.

유가는 '휘발유 가격'이나 '기름값'이라는 말보다 조금 더 전문적인 느낌을 풍긴다. 유가와 더불어 석유의 부피를 재는 '배럴'이라는 미국식 단위도 많이 사용하는데 '배럴당 92달러'와 같이 유가와 항상 붙어다니는 말이다.

---

1 엔진 자동차와 같이 석유를 직접 소비하는 경우가 있고, 온라인 쇼핑을 통해서 물건을 배송받는 경우와 같이 석유를 간접 소비하는 경우도 있다. 뿐만 아니라 우리가 현물로 소비하는 거의 모든 재화들은 석유와 같은 에너지원을 통한 '운송' 과정을 거치면서 석유가 소비된다.

이 단어를 일상에서 흔히 쓰는 말로 대체해보자. 유가 대신 '휘발윳값'이라고 하면 훨씬 익숙하게 다가온다. 단위도 배럴 대신 '리터'를 쓰면 '리터당 1,750원'과 같이 쉽게 수치 파악이 가능하다.

국내에 등록된 자동차 수를 기준으로 보면 2023년 현재 일반인이 타는 승용차 2,100만 대, 영업용으로 타는 화물차가 370만 대[2] 정도로 적어도 우리나라 인구의 절반은 자동차를 운전하는 운전자다. 뉴스에서도 연신 '휘발윳값'이라는 단어를 사용하고 있으니 매우 친숙하다.

유가가 오르면 당연히 휘발윳값도 오른다. 그러면 우리나라 인구의 절반 정도는 곧바로 휘발윳값이나 경윳값 상승을 체감한다.

'환율'을 생각하기 전에 알아야 할 것이 있다. 국가 간 거래의 대부분은 '달러'로 이루어진다는 사실이다. 국내 기업이 자동차를 한 대만 수출해도 값은 무조건 달러로 치러진다. 마찬가지로

---

2 승용 20,952,759대, 화물 3,696,317대 (출처 통계청)

일반 소비자가 해외에서 국내산 신용카드를 사용해 결제해도 기본적으로 '달러'로 지불된다.

우리가 해외에서 100달러 치 석유를 사 올 때, 원 달러 환율이 1,000원이라면 10만 원이 들고, 1,500원으로 오른다면 15만 원이 든다. 전 세계적으로 통용되는 환율 거래의 기본 규칙이다.

이때 만약 유가가 50% 올랐는데 환율도 50% 오른다면, 달러로 거래되는 석유를 사 오는 데 오르기 전 가격보다 2.25배(=1.5x1.5)의 비용이 더 들게 된다. 우리가 매일 사용하는 석유의 가격이 어느 날 갑자기 2배 넘게 오르는 것이다.

이 칼럼을 썼을 당시 6개월째 국제 유가가 오르고 있었고, 8개월째 환율이 오르고 있었다. 따라서 많은 국민이 시중 주유소의 리터당 가격을 통해 기름값이 오른 것을 체감하고 있을 때였다.

해외 시장에서 유가라는 이름으로 거래되는 석유 가격은 일반 시민들에게 휘발윳값 또는 경윳값이라는 개념으로 통하기 때문에 '기름값이 천정부지로 오르고 있다'라는 전 국민적 우려가 터

져 나오는 시점이었다.

게다가 주유소가 휘발유를 630원에 사 왔어도 일반 소비자에게는 약 870원의 세금을 매겨서 판매해야 했다. 여기에 주유소 이윤을 200원 정도 더하면 약 1,700원이 된다. 소비자 부담은 커질 수밖에 없는 현실이었다.

이와 같은 상황에서 정부가 할 수 있는 일은 국제 유가가 오를 때 870원 정도의 세금 중 일부를 인하해서 휘발윳값의 상승을 억제하는 것이다.

다시 말하지만, 석유 한 방울 나지 않는 우리나라에서 국제 유가는 매우 중요한 사안이었다. 심지어 그 석유를 달러로 사 와야 하는 처지니 두말하면 입이 아플 정도다. 한마디로 석유 가격도 6개월 동안 오른 데다 하물며 환율도 8개월 동안 올라버렸으니 우리 국민이 체감하는 휘발윳값은 매우 높을 수밖에 없다는 말이다. 그러니 석유 소비에 부과하는 세금을 줄여서라도 국민의 체감 물가를 낮춰주자는 주장이 필요했다.

시장 가격이라는 것은 항상 변화하지만, 칼럼을 작성하던 지난 9월과 이 책이 출판된 현재 시점을 비교해도 여전히 유가와 환율은 떨어지지 않고 있다. 하지만 다행히 당시 칼럼을 통해 바랐던 대로 정부가 유류세 감면을 연장한 덕분에 아직 휘발윳값은 1,700원대를 유지하고 있다.

휘발윳값이 더 이상 크게 오르지 않은 것은 다행이지만, 유가와 환율이 계속해서 오르는 상황을 지켜봐야 하는 마음이 불안할 따름이다.

매일경제

# 유가와 환율상승, 에너지 이중고

매경이코노미스트
홍 정 민 국회의원(경제학 박사)

**유류세 인하 연장 주저하다**
**물가·경기 다 놓칠 공산 커**
**긴축재정 큰 기조와 별개로**
**물가안정 재원 아껴선 안돼**

에너지 수요가 줄어드는 가을이 왔지만 국내 유류 가격은 반대로 급격히 올라가고 있다. 9월 12일 기준 전국 평균 휘발유 가격은 ℓ당 1759원을 기록했다. 불과 두 달 전만 해도 1500원대였으니 짧은 기간 내 200원가량 올라간 것이다. 특히 서울 일부 주유소에서는 ℓ당 2000원이 넘는 경우도 목격됐다.

유류 가격이 급증한 이유는 세계 최대 산유국인 사우디아라비아와 러시아 등이 포함된 OPEC+가 올해 3월에 단행한 석유 감산 조치를 연말까지 연장했기 때문이다. 특히 최근의 감산은 중국의 경기 침체로 원유 수요가 감소할 것을 우려한 것으로 가격 방어를 위한 선제적인 결정이다. 이에 12일 북해 브렌트유 가격은 배럴당 92.06달러로 올해 최고 가격을 경신했다.

2021년 11월 유가 폭등으로 3년 만에 유류세 인하가 결정됐을 당시 평균 휘발유 가격은 ℓ당 1787원이었다. 이와 비교해서 지금 25% 유류세 감면이 적용되고 있음에도 1759원이라는 가격을 감안하면 유류세 감면이 종료됐을 경우 유류 가격이 상당한 물가 상승 요인이 될 것이라는 점은 명확하다.

유류가 현재 전체 수입물가 상승을 견인하고 있다는 점은 통계 자료를 통해서도 확인된다. 한국은행이 발표한 '2023년 8월 수출입물가지수'는 135.96으로 전월 대비 4.4% 올랐고 특히 석탄 및 석유제품은 무려 13.7%로 크게 올랐기 때문이다. 여기에 설상가상으로 원유대금 결제는 달러로 지불해야 한다는 점도 큰 문제다. 현재 원·달러 환율은 9월 13일 기준 달러당 1330원으로 고공행진을 하고 있다. 이른바 '킹달러'의 원인은 미국이 5.5%에 달하는 높은 기준금리와 함께 '나 홀로 경제 성장'을 이어가고 있어 전 세계 투자 수요를 끌어들이고 있기 때문이다.

가뜩이나 비싼 원유를 비싼 달러로 지불해야 하는 이중고가 발생한 것이고, 그 결과 고환율과 고유가라는 역경이 한국 무역수지에 직접적인 악영향을 끼쳤다.

에너지 가격이 높아지면 특정 계층의 부담에서 그치는 것이 아니라 교통비, 전기요금 등 전체 국민의 생활비 부담 증가로 이어진다. 따라서 우선 올해 10월로 종료하기로 한 유류세 인하 조치를 난방용 에너지 수요가 집중되는 올겨울을 넘길 때까지 연장하는 것이 꼭 필요하다.

혹여 기획재정부가 내년도 세수가 부족하다는 이유로 주저할 수 있겠지만, 유류세 인하 연장을 주저하다가는 물가도 경기도 못 잡은 실패 사례로 기록될 것이다. 경기 침체 상황에서 물가마저 올라가면 민생경제 특히 서민층에게 어려움이 집중되기 때문이다. 또한 원유 가격 상승에 따른 큰 문제는 원유 가격이 올라가면 에너지 대체재인 석탄과 LNG 가격도 덩달아 올라간다는 점이다. 이미 '8월 수출입물가지수'에서도 LNG 가격은 7월에 비해 4.4% 상승했고, 겨울이 되면 난방을 위한 에너지 수요 증가로 계속 가격이 상승할 일만 남았다. 이에 따라 전력 생산원가 역시 올라가게 된다.

이처럼 다른 제품보다 휘발유 등 유류제품의 가격 관리가 중요한 이유는 직접적으로는 주유비·교통비 등 국민의 생활비용이며, 간접적으로는 전력 생산비용과 직결돼 거의 모든 분야의 물가에 영향을 끼치는 기저에 위치해 있기 때문이다. 따라서 정부는 그간 발표해온 물가안정 대책을 뛰어넘는 실질적인 조치를 취해야 한다. 물가안정의 골든타임을 놓치면 경기 회복이 더욱 어려워지기 때문이다.

현 정부가 세수 부족으로 긴축재정 기조를 고수하고 있지만, 거시적인 기조와 별개로 개별 정책 특히 물가안정을 위한 재원은 지출이 아닌 투자로 볼 필요가 있다. 경기의 빠른 회복을 통한 GDP 증가, 이어지는 세수 증대가 더욱 효과적이라는 점을 명심해야 한다.

(16.8*20.7)cm

매일경제 매경이코노미스트 | 2023년 9월 19일 31면

# 유가와 환율상승, 에너지 이중고

**유류세 인하 연장 주저하다 물가 · 경기 다 놓칠 공산 커**

**긴축재정 큰 기조와 별개로 물가안정 재원 아껴선 안 돼**

에너지 수요가 줄어드는 가을이 왔지만, 국내 유류 가격은 반대로 급격히 올라가고 있다. 9월 12일 기준 전국 평균 휘발유 가격은 리터(l)당 1,759원을 기록했다. 불과 두 달 전만 해도 1,500원대였으니 짧은 기간 내 200원가량 올라간 것이다. 특히 서울 일부 주유소에서는 리터당 2,000원이 넘는 경우도 목격됐다.

유류 가격이 급등한 이유는 세계 최대 산유국인 사우디아라비아와 러시아 등이 포함된 OPEC+가 올해 3월에 단행한 석유 감산 조치를 연말까지 연장했기 때문이다. 특히 최근의 감산은 중국의 경기 침체로 원유 수요가 감소할 것을 우려한 것으로 가격

방어를 위한 선제적인 결정이다. 이에 12일 북해 브렌트유 가격은 배럴당 92.06달러로 올해 최고 가격을 경신했다.

2021년 11월 유가 폭등으로 3년 만에 유류세 인하가 결정됐을 당시 평균 휘발유 가격은 리터당 1,787원이었다. 이와 비교해서 지금 25% 유류세 감면이 적용되고 있음에도 1,759원이라는 가격을 감안하면 유류세 감면이 종료됐을 경우 유류 가격이 상당한 물가 상승 요인이 될 것이라는 점은 명확하다.

유류가 현재 전체 수입물가 상승을 견인하고 있다는 점은 통계 자료를 통해서도 확인된다. 한국은행이 발표한 '2023년 8월 수출입물가지수'는 135.96으로 전월 대비 4.4% 올랐고 특히 석탄 및 석유제품은 무려 13.7%로 크게 올랐기 때문이다. 여기에 설상가상으로 원유대금 결제는 달러로 지불해야 한다는 점도 큰 문제다. 현재 원 · 달러 환율은 9월 13일 기준 달러당 1,330원으로 고공행진을 하고 있다. 이른바 '킹달러'의 원인은 미국이 5.5%에 달하는 높은 기준금리와 함께 '나 홀로 경제 성장'을 이어가고 있어 전 세계 투자 수요를 끌어들이고 있기 때문이다.

가뜩이나 비싼 원유를 비싼 달러로 지불해야 하는 이중고가 발생한 것이고, 그 결과 고환율과 고유가라는 역경이 한국 무역수지에 직접적인 악영향을 끼쳤다.

에너지 가격이 높아지면 특정 계층의 부담에서 그치는 것이 아니라 교통비, 전기요금 등 전체 국민의 생활비 부담 증가로 이어진다. 따라서 우선 올해 10월로 종료하기로 한 유류세 인하 조치를 난방용 에너지 수요가 집중되는 올겨울을 넘길 때까지 연장하는 것이 꼭 필요하다.

혹여 기획재정부가 내년도 세수가 부족하다는 이유로 주저할 수 있겠지만, 유류세 인하 연장을 주저하다가는 물가도 경기도 못 잡은 실패 사례로 기록될 것이다. 경기 침체 상황에서 물가마저 올라가면 민생경제 특히 서민층에게 어려움이 집중되기 때문이다. 또한 원유 가격 상승에 따른 큰 문제는 원유 가격이 올라가면 에너지 대체재인 석탄과 LNG 가격도 덩달아 올라간다는 점이다. 이미 '8월 수출입물가지수'에서도 LNG 가격은 7월에 비해 4.4% 상승했고, 겨울이 되면 난방을 위한 에너지 수요 증가로 계속 가격이 상승할 일만 남았다. 이에 따라 전력 생산원가 역시 올라가게 된다.

이처럼 다른 제품보다 휘발유 등 유류제품의 가격 관리가 중요한 이유는 직접적으로는 주유비 · 교통비 등 국민의 생활비용이며, 간접적으로는 전력 생산비용과 직결돼 거의 모든 분야의 물가에 영향을 끼치는 기저에 위치해 있기 때문이다. 따라서 정부는 그간 발표해온 물가안정 대책을 뛰어넘는 실질적인 조치를 취해야 한다. 물가안정의 골든타임을 놓치면 경기 회복이 더욱 어려워지기 때문이다.

현 정부가 세수 부족으로 긴축재정 기조를 고수하고 있지만, 거시적인 기조와 별개로 개별 정책 특히 물가안정을 위한 재원은 지출이 아닌 투자로 볼 필요가 있다. 경기의 빠른 회복을 통한 GDP 증가, 이어지는 세수 증대가 더욱 효과적이라는 점을 명심해야 한다.

| 소비지출 |

## 위기는 소리 없이 강하다

2023년 8월은 174년에 달하는 미국의 기상관측 역사상 가장 뜨거웠던 8월로 기록됐건만,[3] 여름을 맞이하는 사람들의 기분은 예상과 달리 미지근했다. 휴가철이 되면 사람들의 반짝이는 눈동자와 상기된 표정을 마주하는 즐거움이 있었다. 2020년, 2021년, 2022년까지 코로나의 긴 터널을 지나 처음 맞이하는 여름 휴가철이 아니던가. 여행에 목말라 있던 사람들이 폭발적으로 떠날 것이라 예상했다. 하지만 이번 여름은 어쩐지 김이 잔뜩 빠진 콜라 같은 분위기였다.

3 [연합뉴스] 2023. 9. 22, 역사상 가장 뜨거웠던 8월…20세기 평균보다 1.25도↑… 지난달이 174년에 달하는 미국 국립해양대기국(NOAA)의 기상 관측 역사상 가장 뜨거웠던 8월로 기록됐다.

얇아진 지갑 사정 때문이었다. 외식물가는 1년 전보다 8% 넘게 뛰어올랐다. 만 원으로는 밥 한 끼 사 먹는 것도 벅찰 지경이 됐다. 물가가 사악하기로 유명한 여의도에선 더욱 그랬다. KB국민카드가 발표한 직장인 점심시간 카드 매출 데이터에 따르면, 직장인이 점심 끼니로 지출하는 평균 소비금액은 1만 1천 원으로 나타났다. SNS에서는 '#내_월급_빼곤_다_올라' 같은 해시태그가 쉽게 눈에 띄었다.

그러고 보니 각종 경제지표가 심한 경고음을 울리고 있었다. 물가도, 금리도, 가계부채도, 경제성장률도.

세리(SERI, 구 삼성경제연구소, 현 삼성글로벌리서치)에서 석박사급 연구자들을 이끌고 경제지표들과 씨름하던 머릿속에 불길한 생각이 스쳐 지나갔다. 저 여러 지표 중 어느 하나만 나빠져도 전문가들이 엄중한 경고문구를 강하게 날리기 마련인데, 지표들이 너나 할 것 없이 경고음을 내고 있다니. 최근 10년 사이에 이렇게 악재가 몰려서 왔던 적이 있었던가? 그렇다면 우리 경제위기는 정말 심각한 수준에 이른 것은 아닐까?

지나치게 오른 물가로 너나 할 것 없이 스트레스를 받고 있다. 물가지표는 여지없이 고공행진을 보여주었다. 통계청이 발표하는 「소비자물가조사」의 2022년 소비자물가상승률은 5.1%였다. 2021년 2.5%도 제외하고 나면, 2013년부터 지난 10년간 전부 1%대에 머물러 있었던 것과 달리 물가상승률이 눈에 띄게 치솟았다. 특히 코로나 직전인 2019년에는 0.4% 상승에 불과했으니 2022년의 5%대 물가상승률은 '살인적인 물가 상승'이라는 표현마저도 지나치다고 느껴지지 않을 정도다.

고공행진하는 금리도 상황은 다르지 않았다. 한국은행 기준금리는 현재 3.5%로 지난 10년간 가장 높은 수준이다. 2012년 3%, 2014년 2%대를 기록했고, 그 이후로는 쭉 저금리 기조였다. 2015년 3월 12일 1.75%로 내려갔고, 2020년 5월에는 0.5%까지 내려갔다. 2022년 7월 2.25%로 오르기 전까지는 저금리 기조가 오랜 기간 지속돼 오다가 급격하게 금리가 오른 것이다. 지난 7월엔 미국 연방준비제도(Fed)가 미국 기준금리를 22년 만에 최고치인 연 5.5%로 인상하면서 한미 금리 차이가 2%p로 확대됐다. 한미 간 금리 차이를 줄이기 위해 한국은행이 기준금리를 추가 인상할 것이라는 관측들이 나왔다. 2023년 9월 말에는 JP

모건 체이스 회장 겸 최고경영자인 제이미 다이먼은 미국의 기준금리가 연 7%까지 오를 수 있다는 최악의 시나리오 전망까지 내놨다. 한국은행 기준금리는 최근 10년간 최고 수준인데, 인상 압박 요인들이 가중되면서 더 오를 수도 있는 상황으로 치닫고 있다.

가계부채도 마찬가지다. 한국은행이 발표한 2023년 6월 말 기준 은행권 가계대출 잔액은 1,062조 3천억 원으로 사상 최대치를 기록했다. 한국은행이 최근 발표한 〈2023년 9월 금융안정보고서〉에 따르면, 2023년 2분기 가계부채는 1,862조 8천억 원에 달한다. 국내총생산(GDP) 대비 가계부채 비율은 101.7%로 조사 대상국 61개 나라 중에서 스위스, 호주, 캐나다에 이어 네 번째로 심각할 뿐만 아니라 선진국 평균치인 73.4%와 신흥국 평균치인 48.4%를 크게 상회하는 것으로 확인됐다. 게다가 가계부채가 매년 6%씩 증가한다는 가정 아래 2년 뒤면 2천조 원을 돌파할 것으로 예상되어 GDP 대비 가계부채 비율을 낮추는 데 적극적인 정책 대응이 필요한 상황이다. 가계부채 고충은 너무 당연하게도 금리 인상의 직격탄을 받고 더욱 악화할 수밖에 없다. 대출금리 상승에 따라 이자 부담뿐만 아니라 연체위험마저 함께 커지는 것은 당연한 이치다. 가계부채와 금리가 모두 고공행진하는 상황은 금융 취약계층을 위협하고, 나아가 한국 경제의 건전성에도 상당한 악영향을 미친다.

마지막으로 확인한 성장률도 예상을 빗나가지 않았다. 지난 2023년 7월 말, 국제통화기금(IMF)이 올해의 한국 경제성장률 전망치를 1.5%에서 1.4%로 낮췄다. 2023년 6월 OECD는 올해의 한국 경제성장률 전망치를 1.5%로 제시했고, 2023년 9월에도 1.5%의 전망치를 유지했다. 물론 최근 10년간 가장 경제성장률이 낮았던 때는 마이너스 성장률을 기록한 2020년이다. 하지만 2020년이 전 세계가 유례없는 전염병인 코로나19 바이러스의 직격탄을 맞은 해라는 것을 감안하면, 사실상 올해가 최근 10년간 가장 낮은 경제성장이 예상되는 시점인 것이다. 2020년을 제외하면 1%대 성장률이 없었다.

소리 없이 강한 위기다. 네 가지 위협 요소가 적어도 지난 10년간 이렇게 한꺼번에 찾아온 적은 없었다. 그동안 톡톡히 효자 노릇을 했던 민간 소비마저 이제는 무너질 수도 있다. 지갑을 닫는 현실이 장기화되면 경기 둔화에도 속도가 붙을 수밖에 없다.

저성장
고물가
고환율
고금리

민간 소비를 살릴 수 있는 묘책이 필요하다.

'상저하고'와 같은 말뿐인 장밋빛 낙관이 아닌, 민간 소비 위축을 최소화하고 경제위기를 극복할 특단의 대책이 요구된다. 어렵게 얻어낸 경제 강국의 지위를 잃어버리지 않으려면 대응 시기의 골든타임을 놓쳐선 안 될 것이다. 진단만 있고 뚜렷한 해법이 보이지 않는 상황에서 경제학자로서의 한숨도 입법정책노동자로서의 번뇌도 짙어만 간다.

**매일경제**

# 네 가지 경제 위협 요소가 동시에

**매경이코노미스트**
**홍 정 민** 국회의원(경제학 박사)

**10년간 가장 높은 물가·금리**
**가계대출 최고치·저성장 예고**
**네 악재 겹친 건 10년 내 처음**
**'최후의 보루' 소비 사수해야**

본격적인 여름휴가철이다. 그런데 '쉼포족'(쉼을 포기하는 사람들이라는 뜻의 신조어)이 많아지고 있다. 최근 설문조사에 따르면 직장인 2명 중 1명은 여름휴가를 포기하거나 계획을 세우지 못했다고 답했다. 응답자의 62%가 경제적 여유가 없다는 이유를 꼽았다.

그럴 만도 하다. 급등한 물가 탓에 민간 소비 여력이 크게 위축됐다. 통계청 통계에 따르면 연간 소비자물가지수 상승률이 지난해 말 5.1%로 최근 10년간 가장 높게 나타났다. 2013년부터 2020년까지 연간 물가상승률이 1% 수준에 머무른 것과 대비된다.

금리 부담도 고조됐다. 한국은행 기준금리는 현재 3.5%로 지난 10년간 가장 높은 수준이다. 2015년 3월 1.75%로 내려가서 2022년 7월 2.25%로 오르기 전까지 2%대 미만으로 저금리 기조가 장기간 지속된 것을 고려하면 급속하고 예측하지 못한 변화다. 여기에 지난 7월 26일, 미국 연방준비제도(Fed)가 미국 기준금리를 22년 만에 최고치인 연 5.5%로 인상했다. 한미 금리 차이가 2%포인트로 확대되면서 한국은행이 기준금리를 추가 인상할 것이란 관측마저 나온다. 혹여 올 하반기나 내년 초에 한국은행이 금리 인하 기조로 돌아선다 해도 작년 하반기부터 시작된 고금리 충격의 여파는 꽤 오래 지속될 전망이다.

가계부채 상황도 좋지 않다. 한국은행이 발표한 6월 말 기준 은행권 가계대출 잔액은 1062조3000억원으로 역대 최대치를 기록했다. 국제결제은행(BIS)에 따르면 2022년 말 기준 국내총생산(GDP) 대비 가계부채 비율은 105%로 주요 43개국 중 3번째로 높다. 가계부채 고충은 고금리로 인해 더 심화된다. 대출금리 상승에 따라 이자 부담과 연체 위험이 함께 커지는 것은 당연하다. 가계대출 증가세와 고금리가 겹쳐 취약차주를 중심으로 우리 경제의 약한 고리가 위협받을 수 있다.

저성장의 늪도 깊어지고 있다. 7월 말 국제통화기금(IMF)이 올해의 한국 경제성장률 전망치를 기존 1.5%에서 1.4%로 낮췄다. 다섯 차례 연속으로 하향 조정됐다. 중국, 미국, 일본 등 주요국들의 올해 성장률 전망치가 유지되거나 상향 조정된 것과 대조적이다. 우리나라의 경제성장률 전망치 1.4%는 최근 20년을 기준으로 보면, 세계 금융위기 직후인 2009년(0.8%)과 코로나19가 시작된 2020년(-0.7%)을 제외하고는 가장 낮은 수치다. 정부는 '상저하고(상반기 부진, 하반기 반등)'를 기대했지만, 한국 경제는 올해 하반기에도 반등되기 어려운 상황으로 보인다.

고물가, 고금리, 가계부채 리스크, 경기 침체. 하나하나가 우리 경제에 큰 위협 요소들인데, 현재 이 네 가지 악재가 동시에 진행되고 있다. 적어도 지난 10년간 이 네 가지 악재가 한 번에 겹친 적은 없었다. 높은 물가와 고금리가 장기화되면 저소득층은 물론 중산층도 버티기 어렵다. 물가 상승으로 실질소득이 줄고 이자 부담으로 처분가능소득을 감소시켜 민간의 소비 위축은 더욱 가중될 우려가 있다. 퍼펙트스톰이 우리 경제를 휩쓸더라도 버텨낼 수 있는 묘안이 필요한 시기다.

여기서 주목해야 하는 것은 지난 1분기에 수출과 설비투자가 감소했음에도 우리나라 경제가 역성장을 면할 수 있었던 이유가 민간 소비가 버텨준 덕분이라는 점이다. 그런데 방어 역할을 했던 민간 소비는 2분기 들어 내리막길로 돌아섰다. 소비 위축은 분명한 위험 신호다. 소비 여력을 회복하지 못하면 경기 둔화에 속도가 붙을 것이다. 민간 소비 위축을 최소화할 수 있는 특단의 대책이 필요하다. 생활물가와 금리 부담을 안정시키면서 가계부채 리스크를 완화할 수 있는 구조적인 해법을 신속하게 마련해야 한다. 유례없는 위기 상황에서 적절한 대응시기를 놓쳐서는 안 된다.

(16.6*21.2)cm

매일경제 매경이코노미스트 | 2023년 8월 1일 31면

## 네 가지 경제 위협 요소가 동시에

**10년간 가장 높은 물가 · 금리 가계대출 최고치 · 저성장 예고**

**네 악재 겹친 건 10년 내 처음 '최후의 보루' 소비 사수해야**

본격적인 여름 휴가철이다. 그런데 '쉼포족'(쉼을 포기하는 사람들이라는 뜻의 신조어)이 많아지고 있다. 최근 설문조사에 따르면 직장인 2명 중 1명은 여름휴가를 포기하거나 계획을 세우지 못했다고 답했다. 응답자의 62%가 경제적 여유가 없다는 이유를 꼽았다.

그럴 만도 하다. 물가가 갑자기 오른 탓에 민간 소비 여력이 크게 위축됐다. 통계청 통계에 따르면 연간 소비자물가지수 상승률이 지난해 말 5.1%로 최근 10년간 가장 높게 나타났다. 2013년부터 2020년까지 연간 물가상승률이 1% 수준에 머무른 것과 대비된다.

금리 부담도 고조됐다. 한국은행 기준금리는 현재 3.5%로 지난 10년간 가장 높은 수준이다. 2015년 3월 1.75%로 내려가서 2022년 7월 2.25%로 오르기 전까지 2%대 미만으로 저금리 기조가 장기간 지속된 것을 고려하면 급속하고 예측하지 못한 변화다. 여기에 지난 7월 26일, 미국 연방준비제도(Fed)가 미국 기준금리를 22년 만에 최고치인 연 5.5%로 인상했다. 한미 금리 차이가 2% 포인트로 확대되면서 한국은행이 기준금리를 추가 인상할 것이란 관측마저 나온다. 혹여 올 하반기나 내년 초에 한국은행이 금리 인하 기조로 돌아선다 해도 작년 하반기부터 시작된 고금리 충격의 여파는 꽤 오래 지속될 전망이다.

가계부채 상황도 좋지 않다. 한국은행이 발표한 6월 말 기준 은행권 가계대출 잔액은 1,062조 3천억 원으로 역대 최대치를 기록했다. 국제결제은행(BIS)에 따르면 2022년 말 기준 국내총생산(GDP) 대비 가계부채 비율은 105%로 주요 43개국 중 3번째로 높다. 가계부채 고충은 고금리로 인해 더 심화된다. 대출금리 상승에 따라 이자 부담과 연체 위험이 함께 커지는 것은 당연하다.

가계대출 증가세와 고금리가 겹쳐 취약차주를 중심으로 우리 경제의 약한 고리가 위협받을 수 있다.

저성장의 늪도 깊어지고 있다. 7월 말 국제통화기금(IMF)이 올해의 한국 경제성장률 전망치를 기존 1.5%에서 1.4%로 낮췄다. 다섯 차례 연속으로 하향 조정됐다. 중국, 미국, 일본 등 주요국들의 올해 성장률 전망치가 유지되거나 상향 조정된 것과 대조적이다. 우리나라의 경제성장률 전망치 1.4%는 최근 20년을 기준으로 보면, 세계 금융위기 직후인 2009년(0.8%)과 코로나19가 시작된 2020년(-0.7%)을 제외하고는 가장 낮은 수치다. 정부는 '상저하고(상반기 부진, 하반기 반등)'를 기대했지만, 한국 경제는 올해 하반기에도 반등되기 어려운 상황으로 보인다.

고물가, 고금리, 가계부채 리스크, 경기 침체. 하나하나가 우리 경제에 큰 위협 요소들인데, 현재 이 네 가지 악재가 동시에 진행되고 있다. 적어도 지난 10년간 이 네 가지 악재가 한 번에 겹친 적은 없었다. 높은 물가와 고금리가 장기화되면 저소득층은 물론 중산층도 버티기 어렵다. 물가 상승으로 실질소득이 줄고 이자 부담으로 처분가능소득을 감소시켜 민간의 소비 위축은 더욱 가중될 우려가 있다. 퍼펙트스톰이 우리 경제를 휩쓸더라도 버텨낼 수 있는 묘안이 필요한 시기다.

여기서 주목해야 하는 것은 지난 1분기에 수출과 설비투자가 감소했음에도 우리나라 경제가 역성장을 면할 수 있었던 이유가 민간 소비가 버텨준 덕분이라는 점이다. 그런데 방어 역할을 했던 민간 소비는 2분기 들어 내리막길로 돌아섰다. 소비 위축은 분명한 위험 신호다. 소비 여력을 회복하지 못하면 경기 둔화에 속도가 붙을 것이다. 민간 소비 위축을 최소화할 수 있는 특단의 대책이 필요하다. 생활물가와 금리 부담을 안정시키면서 가계부채 리스크를 완화할 수 있는 구조적인 해법을 신속하게 마련해야 한다. 유례없는 위기 상황에서 적절한 대응시기를 놓쳐서는 안 된다.

| 국제통상 |

# '괴짜' 일론 머스크가 우리에게 준 교훈

## 머스크 vs. 저커버그

전기차의 대표주자 테슬라(Tesla)의 CEO와 페이스북(Facebook)의 창시자 사이의 이 격돌은 실리콘밸리 사업 경쟁이 아니라 놀랍게도 실제 '종합격투기' 얘기다. 트위터(Twitter)를 사들인 일론 머스크가 철저한 표현의 자유를 표방해 소셜미디어상 혐오성 발언이 급증하자, 저커버그가 스레드(Threads)라는 다른 종류의 SNS를 개발하며 "어떤 서비스처럼 정신 나간 운영을 보여주지 않을 것"이라고 머스크를 비난한 것이 시작이었다.

둘 사이 갈등이 심화되던 올해 6월 머스크가 "개만 오면 케이지 매치를 치를 수도 있다"라며 주짓수 수련생인 저커버그를 도발하자 이들의 경기 성사 여부는 순식간에 전 세계적으로 엄청난 주목을 받게 됐다. 물론 그러던 8월 머스크가 목과 등 MRI를 찍을 계획이고 수술까지 받아야 할 수도 있다고 하며 한 발 뺀 모양새가 돼버렸지만 말이다.

사실 주짓수를 연마한 젊은 저커버그를 도발한 일론 머스크는 본래 미국을 비롯한 서방에서는 수많은 기행을 일삼는 괴짜로 유명하다. 게다가 머스크가 자신보다 충분히 강할 수 있는 상대에게 도전한 사례는 이번이 처음이 아니다. 위 사건이 발발하기 바로 전인 지난 5월, 중국을 방문한 머스크는 딩쉐샹 부총리 등 중국 고위 지도자들을 만나 "테슬라는 중국에서 사업을 계획 확장하고 중국의 발전 기회를 공유할 의향이 있다"라고 발표했다. 작년 인플레이션 감축법(IRA)으로 정점을 찍은 미국의 중국에 대한 디커플링 정책[4]에 반하는 발표를 머스크가 함으로써 미국 정부에 정면으로 도전을 해버린 것이다.

---

4 국제경제에서 디커플링은 한 나라의 경제가 다른 특정 국가의 경제 흐름과 독립적으로 움직이는 현상이나 정책을 뜻하는 것으로, 우리말로 '탈동조화'라고도 한다.

하지만 젊은 시절부터 산전수전을 다 겪고 현시대를 대표하는 최고의 사업가가 된 머스크의 이런 무모한 행동은 당시 내게는 기행보다는 본질을 꿰뚫는 감각적 움직임으로 보였다. 작년 7월 IRA가 가시화될 때 이를 늦게 포착한 데다 제대로 된 대응마저 못한 지금의 정부는 답답하기 이를 데 없었지만, 다른 한편으로는 이런 미국의 대외경제정책이 과연 얼마나 뚜렷한 효과를 낼 수 있을지가 궁금했다. 물론 IRA는 이제 1년밖에 지나지 않은 일이기에 아직 우리나라에 대한 부정적인 영향의 규모를 최종적으로 확정하기는 어렵다. 미국과 중국이라는 거대한 두 패권국가 간 경제전쟁의 여파는 이미 작지 않은 흔적을 남겼을 수도 있었다.

바로 통계를 들여다봤다. 그리고 여기서 확인한 수치는 놀랍고 무서웠다. 미국 상무부 발표에 따르면 2022년 수출과 수입을 합친 미국과 중국 간 교역액은 6,906억 달러, 한화로는 약 870조 원에 이르는 역대 최대치였다. 이는 미-중 디커플링이 본격화되기 전인 2018년의 6,615억 달러도 뛰어넘는 수치였다. 미-중 간 교역은 IRA라는 강력한 수단으로도 뗄 수 없는 관계가 된 것일까, 아니면 애초에 IRA는 하나의 쇼(show)에 불과했을까?

ZUCKERBERG
MUSK

내가 내린 결론은 '둘 다'였다. 미국은 지금의 중국 이전에 이미 다른 초강대국과 대결한 경험이 있다. 바로 제2차 세계대전 이후 냉전시대의 소련이다. 어찌 보면 그때나 지금이나 두 개의 초강대국을 중심으로 국제질서가 편성돼 있는 양극체제(bi-polar system)라고 할 수 있다. 그런데 결정적인 차이가 세 가지 있다.

첫째, 경계가 분명하지 않다. 냉전시대에는 미국을 필두로 한 자유주의 진영과 소련을 필두로 한 공산주의 진영의 경계가 뚜렷했다. 물리적 전쟁 없이 긴장 상태가 유지됐지만, 기본적으로 정치·군사적 대립에 기초했고, 다른 여러 나라는 세계지도를 펼쳐놓고 각각 두 가지 색깔 중 하나로 칠할 수 있을 정도로 소속된 진영이 명확했다. 하지만 지금의 경제체제는 그런 구분이 전혀 가능하지 않을 정도로 여러 국가 간 경제적 의존관계가 복잡하게 얽혀 있다.

둘째, 미국과 중국 두 패권국가는 이미 경제적 상호의존도가 높다. 디커플링이 본격화되기 이전인 2017년 미국 무역에서 중국이 차지하는 비중은 16.6%, 중국 무역에서 미국이 차지하는 비중은 14.3%에 달했다. 디커플링 본격화 이후 미-중 간 경제적 의존도는 작은 폭으로 줄긴 했지만 절대 무역량은 앞에서 말한 것처럼 오히려 커졌다. 미국에게 중국의 경제기술 발전 속도를 늦추려는 의도는 분명히 있겠지만, 자신의 팔 하나를 잘라내야 하는 수준의 손해를 감수하면서까지 무리하게 중국을 고사시킬 생각은 없는 것이다.

셋째, 지금의 미국과 중국은 큰형(big brother) 노릇을 하지 않는다. 과거 냉전시대에는 미국과 소련이 각각 자유주의와 공산주의 진영의 실질적인 리더 역할을 했다. 우리가 속했던 자유주의 진영의 미국만 하더라도 동맹국들에 핵우산(nuclear umbrella)을 비롯한 군사적 지원을 아끼지 않았고, 비교적 후진국에 속하는 제3세계 국가들에 민주주의 체제를 전파했다. 그러나 지금 국제경제 체제 속에서의 미국은 자유무역의 선구자보다는 오히려 자국 보호주의로 회귀하는 대표적인 국가가 되어가고 있다.

특히 마지막 세 번째는 우리의 근심을 깊어지게 하는 대목이다. 미국 의회는 중국 정부 제재로 인해 제품 판매가 금지된 미국 반도체 기업 마이크론의 중국 시장 반도체 점유율을 한국 기업이 대체해서는 안 된다며 압박했다. 자국 기업과 우리 기업에 대한 이중 잣대를 보여주는 것이다. 물론 중국과 공조하고 있는 일론 머스크의 테슬라에도 최근 미국 의회가 "중국 배터리 업체 CATL과 맺은 계약 내용을 자세히 밝히라"라고 압박했고, 테슬라와 중국이 끝내 결별할지에 대해서는 엇갈린 전망들이 나오고 있다. 하지만 미국 기업에 대해서는 이렇듯 치열한 정치 · 경제적 계산이 이뤄지는 와중에 우리의 삼성전자, SK하이닉스, 현대기아차 같은 기업에는 선택의 여지도 없는 막다른 길이 계속 나타날 수 있다.

미-중 디커플링이 아무런 효과도 없이 단순한 쇼 차원으로만 끝날 것이라고 생각하지는 않는다. 하지만 분명한 것은 미국과 중국은 여전히 한동안 초강대국으로 남을 것이고, 그 사이에 끼인 우리나라는 자칫 잘못하면 두 고래 싸움에 등이 터질 수 있다는 것이다. 그리고 이제는 우리가 힘들다고 달려가서 하소연할 수 있는 '큰형'이 없다. 오히려 우리가 큰형이라고 믿고 있었던 미국이 우리를 힘들게 하고 있다. 더 이상 어느 한쪽의 요청에만 순응하는 방식으로는 생존할 수 없다. 우리도 우리 기업의 이익을 최우선으로 두고 다차원적인 통상 · 외교정책을 펼쳐나갈 수밖에 없다.

**매일경제**

# 디커플링은 과연 가능한가

**매경이코노미스트**
**홍정민** 국회의원(경제학 박사)

**美, 중국과 패권 경쟁 중에도**
**자국 기업의 中 사업엔 눈감아**
**마이크론의 잃어버린 매출을**
**한국 기업이 대체 말라고 압박**
**中 기업만 반도체 수요 흡수**

미국과 중국의 패권 경쟁이 해가 갈수록 치열해지고 있다. 미국 정부는 반도체, 통신, 배터리 등 전방위적으로 중국을 제외한 공급망을 구축하려 하고 있고, 중국 정부는 자국이 독점하고 있는 희토류와 막대한 내수 시장을 무기화해 이를 돌파하려 하고 있다.

그런데 강력한 디커플링 정책 추진에도 불구하고 정작 실물경제 흐름은 이와 다르다는 통계가 나왔다. 미국 상무부 발표에 따르면 2022년 수출과 수입을 합친 미국과 중국 간 교역액은 6906억달러(약 870조원)로 역대 최대를 기록했다. 이는 디커플링이 본격화되기 전인 2018년의 6615억달러를 뛰어넘는 수치이며 2021년과 비교했을 때도 5.0% 증가했다.

이미 미국과 중국은 산업·무역·금융 등 경제 전반에서 서로 떼려야 뗄 수 없는 상호 의존적 관계이기 때문이다. 더 이상 과거로 돌아갈 수 없는 불가역적인 수준이다.

이 때문에 신냉전으로 불리는 작금의 미·중 패권 다툼은 과거 미국과 소련의 냉전 때와는 상황이나 갈등 양상이 확연히 다르다. 과거 미국과 소련의 냉전 당시에는 양 진영 간 공급망의 구분이 확고했기 때문이다.

그 결과 미·중 간 패권 경쟁의 이중성이 점차 드러나고 있다. 가장 대표적인 사례가 일론 머스크의 중국 방문이다. 머스크는 딩쉐샹 부총리 등 중국 고위 지도자들을 만나 "테슬라는 공급망 디커플링에 반대하며 중국에서 사업을 계속 확장하고 중국의 발전 기회를 공유할 의향이 있다"고 발표했다.

전 세계 배터리 1위 기업 CATL의 쩡위췬 회장과 만나 미국에 배터리 공장을 합작으로 짓는 방안을 논의했다는 언론 보도도 있었다. 중국을 견제하기 위한 미국 정부의 인플레이션 감축법(IRA)에 전면으로 도전한 것이다.

또한 제이미 다이먼 JP모건 최고경영자(CEO)는 천지닝 상하이 당서기를 만나 "해외 기업이 상하이에 투자할 수 있는 '다리' 역할을 JP모건이 하겠다"고 발언했으며, 랙스먼 내러시먼 스타벅스 CEO도 "2025년까지 중국 전역에 9000개 매장을 열겠다"고 말했다.

그럼에도 미국 기업에 대한 미국 정부의 압박은 보이지 않는다. 이는 미국 정부가 미·중 패권 경쟁 중에도 자국 기업의 이익을 무엇보다 우선순위에 두고 움직이고 있다는 것을 의미한다. 중국 정부 역시 미국 기업의 중국 시장 판매 금지 등 강력한 제재 조치를 시작했음에도 머스크의 투자 메시지에는 매우 긍정적이었다.

그런데 이러한 이중성이 우리 기업에도 직접적인 영향을 끼치고 있다. 최근 미국 의회는 중국 정부 제재로 제품 판매가 금지된 미국 반도체 기업 마이크론의 중국 시장 반도체 점유율을 한국 기업이 대체해서는 안 된다며 압박하고 있다.

그러나 디커플링을 목적으로 한 중국으로의 반도체 수출이 문제였다면 마이크론의 반도체 수출도 금지했어야 했다. 마이크론이 수출하는 것은 괜찮지만 그 대신 삼성전자나 SK하이닉스가 수출하는 것은 안 된다는 이중 잣대는 불공정하다. 이는 동맹국에 대한 처우도 아니며, 자유무역에 대한 침해이며, 민간 기업에 대한 과도한 개입이다.

과거 냉전 시기 한국은 자유주의 진영의 충실한 동맹이었으며, 이러한 역할로 경제 발전에 상당한 혜택을 받았다. 그러나 현재 이중적인 미·중 패권 경쟁 상황에서도 미국 정부 요청에 순응하기만 한다면 얻을 수 있는 경제적 이득이 무엇일지 의문이다. 우리는 이미 한한령 등으로 중국 수출에서 큰 손해를 감수하고 있다. 우리 정부 역시 미국 정부처럼 우리 기업의 이익을 통상정책의 최우선 목표로 삼고 외교 활동을 해야 한다.

(16.6×20.6)cm

매일경제 매경이코노미스트 | 2023년 6월 13일 35면

## 디커플링은 과연 가능한가

**美, 중국과 패권 경쟁 중에도 자국 기업의 中 사업엔 눈감아**

**마이크론의 잃어버린 매출을 한국 기업이 대체 말라고 압박**

**中 기업만 반도체 수요 흡수**

미국과 중국의 패권 경쟁이 해가 갈수록 치열해지고 있다. 미국 정부는 반도체, 통신, 배터리 등 전방위적으로 중국을 제외한 공급망을 구축하려 하고 있고, 중국 정부는 자국이 독점하고 있는 희토류와 막대한 내수 시장을 무기화해 이를 돌파하려 하고 있다.

그런데 강력한 디커플링 정책 추진에도 불구하고 정작 실물 경제 흐름은 이와 다르다는 통계가 나왔다. 미국 상무부 발표에 따르면 2022년 수출과 수입을 합친 미국과 중국 간 교역액은 6,906억 달러(약 870조 원)로 역대 최대를 기록했다. 이는 디커플링이 본격화되기 전인 2018년의 6,615억 달러를 뛰어넘는 수치이며 2021년과 비교했을 때도 5.0% 증가했다.

이미 미국과 중국은 산업 · 무역 · 금융 등 경제 전반에서 서로 떼려야 뗄 수 없는 상호 의존적 관계이기 때문이다. 더 이상 과거로 돌아갈 수 없는 불가역적인 수준이다.

이 때문에 신냉전으로 불리는 작금의 미 · 중 패권 다툼은 과거 미국과 소련의 냉전 때와는 상황이나 갈등 양상이 확연히 다르다. 과거 미국과 소련의 냉전 당시에는 양 진영 간 공급망의 구분이 확고했기 때문이다.

그 결과 미 · 중 간 패권 경쟁의 이중성이 점차 드러나고 있다. 가장 대표적인 사례가 일론 머스크의 중국 방문이다. 머스크는 딩쉐샹 부총리 등 중국 고위 지도자들을 만나 "테슬라는 공급망 디커플링에 반대하며 중국에서 사업을 계속 확장하고 중국의 발전 기회를 공유할 의향이 있다"라고 발표했다.

전 세계 배터리 1위 기업 CATL의 쩡위췬 회장과 만나 미국에 배터리 공장을 합작으로 짓는 방안을 논의했다는 언론 보도도 있었다. 중국을 견제하기 위한 미국 정부의 인플레이션 감축법(IRA)에 전면으로 도전한 것이다.

또한 제이미 다이먼 JP모건 최고경영자(CEO)는 천지닝 상하이 당서기를 만나 "해외 기업이 상하이에 투자할 수 있는 '다리' 역할을 JP모건이 하겠다"라고 발언했으며, 랙스먼 내러시먼 스타벅스 CEO도 "2025년까지 중국 전역에 9천 개 매장을 열겠다"라고 말했다.

그럼에도 미국 기업에 대한 미국 정부의 압박은 보이지 않는다. 이는 미국 정부가 미·중 패권 경쟁 중에도 자국 기업의 이익을 무엇보다 우선순위에 두고 움직이고 있다는 것을 의미한다. 중국 정부 역시 미국 기업의 중국 시장 판매 금지 등 강력한 제재 조치를 시작했음에도 머스크의 투자 메시지에는 매우 긍정적이었다.

그런데 이러한 이중성이 우리 기업에도 직접적인 영향을 끼치고 있다. 최근 미국 의회는 중국 정부 제재로 제품 판매가 금지된 미국 반도체 기업 마이크론의 중국 시장 반도체 점유율을 한국 기업이 대체해서는 안 된다며 압박하고 있다.

그러나 디커플링을 목적으로 한 중국으로의 반도체 수출이 문제였다면 마이크론의 반도체 수출도 금지했어야 했다. 마이크론이 수출하는 것은 괜찮지만 그 대신 삼성전자나 SK하이닉스가 수출하는 것은 안 된다는 이중 잣대는 불공정하다. 이는 동맹국에 대한 처우도 아니며, 자유무역에 대한 침해이며, 민간 기업에 대한 과도한 개입이다.

과거 냉전 시기 한국은 자유주의 진영의 충실한 동맹이었으며, 이러한 역할로 경제 발전에 상당한 혜택을 받았다. 그러나 현재 이중적인 미 · 중 패권 경쟁 상황에서도 미국 정부 요청에 순응하기만 한다면 얻을 수 있는 경제적 이득이 무엇일지 의문이다. 우리는 이미 한한령 등으로 중국 수출에서 큰 손해를 감수하고 있다. 우리 정부 역시 미국 정부처럼 우리 기업의 이익을 통상 정책의 최우선 목표로 삼고 외교 활동을 해야 한다.

3부

# 경제 회복을 위한 성장동력, 산업

## 수도권 전력부족 해결하려면
11차 전기본, 이념 갈등의 장 돼선 안 된다

## 항공우주기술 '누리호' 성공을 민간분야로
'뉴 스페이스 스타트업' 육성하려면

## 한국 전시산업의 중심 킨텍스
해외 바이어를 불러들이려면

## 콘텐츠산업의 지속가능성을 위한 앱마켓 갑질 방지
세계 최초로 통과된 인앱결제 강제 금지법

| 전력산업 |

# 수도권 전력 부족 해결하려면

스마트폰, 건조기, 공기청정기, 스타일러, 로봇청소기, 음식물처리기, 식기세척기, 인덕션 등등. 이제는 혼수 필수품이라고 할 만큼 우리 일상을 편리하게 해주는 가전 '스마트템'이다. 디지털 기기답게 이들을 하나로 묶는 공통점이 있다. 바로 모두 전기를 사용한다는 것. 한 줄기 불빛도 전기를 필요로 하는 오늘날, 하루라도 전기가 통하지 않으면 일상은 제대로 돌아가지 못하는 세상이 됐다. 현재 국민 1인당 전력소비량은 1만 652kWh(킬로와트시)로 지난 2013년 9,285kWh보다 약 13% 증가했다. 이는 OECD 국가 중에서도 상위권을 차지하는 수준인데, 사실 가정에서 사용하는 전력보다 산업 부문 소비량이 많아졌기 때문이다.

그렇다고 해서 개개인이 산업 전력 소비에 관여하지 않는 것은 아니다. 매일 들여다보는 스마트폰에서 처리되는 데이터는 데이터센터로 보내지면서 용량을 부풀린다. 또 데이터센터는 그만큼 용량을 더 확보하기 위해 전력을 소비한다. 매년 에너지 확보를 위해 고민하지만, 문제는 가장 큰 에너지 소비량이 수도권에 몰려 있다는 거였다.

이 많은 전기 에너지를 어떻게 해결할 수 있을까? 매년 원전 이슈가 터지지만, 일본을 비롯한 전 세계적으로 뚜렷한 대책을 내세우지 못하는 실정이다. 나는 전력 부족의 해결책으로 전력 생산 방식과 유통에 주목했다.

태양광이나 풍력을 제외한 발전소 대부분은 물을 끓여 발생한 증기로 거대한 터빈[5]을 돌려 전기를 발생시켰다. 다만 다른 점이 있다면 물을 끓이는 원료가 무엇이냐에 따라 석탄, LNG, 원자력, 태양열 발전소 등으로 구분되었다.

5 풍력 발전소처럼 바람개비를 돌림으로써 발전기는 전력을 생산한다.

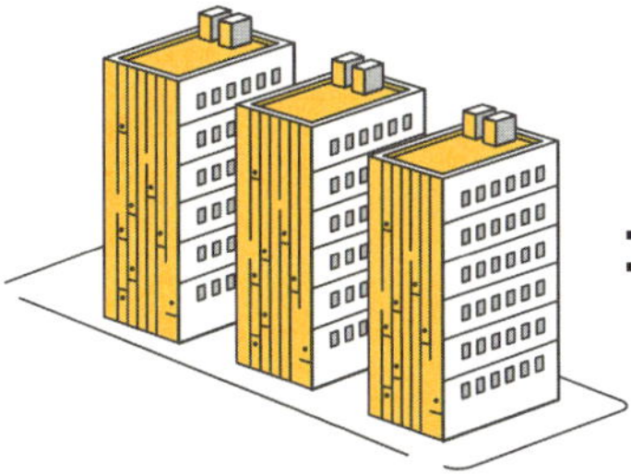

데이터센터 3개

발전소 1개

그런데 물을 끓인다는 점에서만 공통점이 있었을 뿐, 각 종류의 발전소는 전기를 만드는 원료에 따라 발전 비용, 원료수급의 용이성, 발전소 출력의 유연성, 이산화탄소 · 이산화황 등 오염물질 배출량, 송배전망 필요도, 주민 수용성, 설치 가능한 입지 등 온갖 측면에서 각기 다른 특성과 장단점을 가졌다. 따라서 각 발전소의 특징에 맞춰 여러 종류의 발전소로 전력을 생산하는 것을 '에너지믹스'라고 한다.

그러므로 최근 수도권의 전력 부족 문제도 단순히 발전소를 더 많이 짓는다고 해결할 수 있는 것이 아니었다.

수도권의 전력 부족 문제는 심각한 수준이었다. 수도권 주민들에게 필요한 전력을 우선 공급하기 위해 원래대로라면 정상적으로 진행됐을 수도권 곳곳 대형 사업장들이 전력 부족으로 좌초되거나 완공이 연기되고 있다는 것은 아직 잘 알려지지 않은 사실이었다.

일례로 고양시에 위치한 킨텍스의 경우 2023년 2월에 한전으로부터 앞으로 지어질 제3전시장의 전력공급이 곤란하다는 공문을 받았다. 공문에서는 전력계통 공급 여력 부족으로 킨텍스 측이 희망한 2024년 12월 공급이 어려워졌으며 6~8년가량 기다려야 한다는 내용이 담겼다.

그리고 이러한 전력 부족 사례는 현재 수도권 곳곳에서 발생하고 있었다. 용인 반도체 클러스터도 수도권의 전력 공급 여력이 없어 정부에서 별도의 팀을 꾸려 대책을 마련하기도 했다. LNG 발전소 6기를 반도체 클러스터에 별도로 건설하겠다는 내용이었다.

수도권의 전력이 부족하게 된 주요 원인은 데이터센터 폭증에 있었다. 우리가 유튜브를 더 시청할수록, 카카오톡을 더 자주 사용할수록, 모바일 게임을 더 많이 할수록, 넷플릭스로 드라마를 더 볼수록 인터넷 공간에서 더 많은 데이터를 보관하고 처리해야 하는데 이 업무를 하기 위해서는 데이터센터가 필요하다.

그런데 데이터센터가 전력을 잡아먹는 하마였다. 규모가 큰 데이터센터 하나가 필요로 하는 전력설비는 100MW(메가와트)에 달하기도 하는데 이는 화력발전소 1기의 전체 설비용량과 맞먹는 수준이었다. 간단히 말하자면 어지간한 데이터센터 2~3개를 돌리려면 발전소 하나가 필요하다는 것이다.

만약 데이터센터를 전력 생산은 많고 소비는 적은 비수도권에 세웠다면 큰 문제는 없었을 것이다. 하지만 데이터센터의 주 고객은 IT 기업이고, IT 기업은 대부분 수도권에 몰려 있었다. 그러니 선택의 여지 없이 거의 백이면 백 데이터센터 기업들은 입지로 수도권을 선호하고 있다.

그 결과 가뜩이나 전력 수요가 많은 수도권에 데이터센터가 우후죽순 생겨나기 시작했고, 수도권의 전력 수요가 정부나 한전에서 원래 예측했던 범위를 넘어서서 급작스럽게 늘어나게 된 것이다.

수도권의 전력 공급 문제를 시급하게 우선순위로 두고 해결해야 했다. 만약 이를 해결하지 못한다면 조만간 수도권에서는 전력 부족으로 인해 대규모 정전사태가 발생하거나, 아니면 수도권에서 양질의 일자리를 창출할 신규 사업장들 대부분이 시작할 엄두조차 내지 못할 것이다.

그런데 앞서 언급한 것처럼 수도권에서 수용할 수 있는 발전소의 종류는 매우 한정적이었다. 인구가 밀집된 수도권의 특성상 현실적으로 주민들이 수용 가능한 발전소 종류는 태양광 혹은 LNG 발전소밖에 없었다.

이 두 가지 발전소는 각각의 장단점이 뚜렷했다. 태양광의 경우에는 환경오염물질 배출이 전혀 없고 도시에서는 주로 건물 옥상에 설치하기 때문에 주민들의 반대가 거의 없다. 또 전력 수요지에서 전력을 생산하니 송전 시설을 지을 필요도 없다.

그러나 건물 옥상과 같이 한정된 공간에 태양광 발전소를 짓는 것으로는 수도권의 대규모 전력을 감당하기 힘들다. 때문에 태양광을 비롯한 재생에너지는 수도권 내부 생산이라는 전제조건하에서는 보조적인 발전원의 역할에서 더 나아가기는 어렵다.

한편 LNG 발전소의 경우는 이미 수도권 곳곳에서 화력 및 열병합 발전소의 형태로 합정, 부천, 목동, 성남 등등 여러 곳에 설치돼 있었다. LNG는 석탄보다 탄소를 비롯한 오염물질 배출이 훨씬 적기 때문에 수도권에서도 대단지 아파트 단지 곳곳에서 활용되고 있었다. 그리고 수도권에서 필요로 하는 수요에 맞춰 충분히 발전소를 추가해서 지을 수도 있다. 하지만 모든 종류의 발전소 중 LNG 발전소의 생산단가가 가장 비싸다는 단점이 있었다.

발전소를 짓지 않는 다른 선택도 있었다. 수도권에 발전소를 짓는 대신 석탄이나 원자력 발전소가 많이 지어진 영동권이나 영남권 아니면 태양광이나 풍력 등 재생에너지 발전시설이 집중적으로 위치한 호남권과 송전망을 추가로 연결해 전력을 공급받는 방법이었다.

그러나 문제는 어느 권역과 송전망을 연결하든 전국을 가로지르는 무수한 송전탑을 세워야 한다는 점이었고, 송전탑이 지나게 될 지역 주민들은 송전탑 건설에 거세게 반대할 것이라는 사실이었다. 과거 2008년부터 2014년까지 이어진 밀양 송전탑 사태[6]를 생각하면 주민들의 송전탑 건설 수용이 얼마나 힘든 과제인지 미루어 짐작할 수 있다.

그래서 수도권 전력 부족 문제를 해결하기 위해 송전망 연결을 대책으로 선택했을 때, 계획에 맞춰 송전망이 이어질 수 있을지는 아무도 확신할 수 없었다.

일례로 영동권 발전소에서 생산된 전력을 수도권에 공급할 계획으로 추진된 동해안~신가평 송전선로의 경우 당초 2021년 완공 예정이었나 주민들의 반대로 2025년으로 완공 시점이 미뤄졌다. 더욱이 송전탑이 지어질 지역 주민들의 반대가 여전하기 때문에 그나마 2025년 완공도 확실치 않은 상황이다.

6 밀양 송전탑 사태 : 밀양시에 건설될 고압 송전선 및 송전탑 위치 문제를 두고 밀양시민과 한국전력 사이에서 벌어진 갈등으로 6년간 주민들의 시위와 정부의 진압으로 인명피해가 발생하기도 했다.

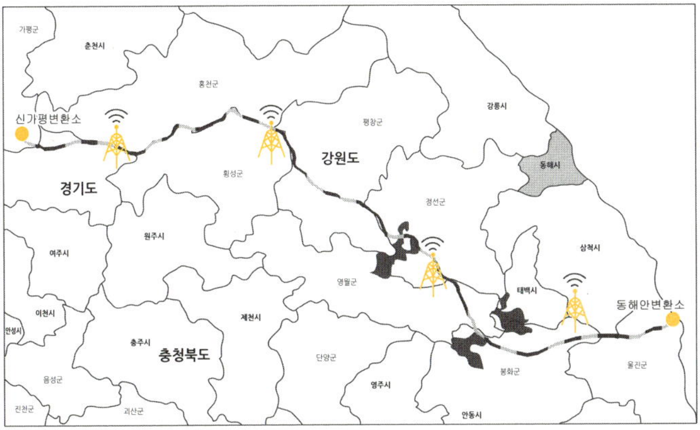


| 동해안~신가평 송전선로 경과 지도

수도권 전력 부족 문제를 해결하기 위해 어떤 방법을 선택하더라도 완벽할 수는 없었다. 수도권 내 재생에너지 발전설비 추가로는 한계가 분명했으며, LNG 발전소는 원료 비용 문제가 컸다. 또한 송전선로 추가는 송전망 연결 지역 주민들의 반발로 추진한다 할지라도 완성 시점을 예측하기 힘들었다.

결국 현실적인 대책은 이 모든 대책을 동시에 시행하는 방법밖에 없었다. 수도권에 최대한 재생에너지 설비를 늘려야 하며, 그럼에도 부족한 전력공급은 급한 대로 LNG 발전소를 세워서 공급해야 했다. 그리고 장기적으로는 비수도권에서 생산되는 전력을 끌어올 수 있도록 수도권과 비수도권을 추가 연결할 전국 단위의 송전망을 세워야 했다.

또 위에서 언급한 공급 단위에서의 대책과 함께 수요 단위에서의 대책도 병행해야 했다. 수요 단위에서 가장 중요한 대책은 무엇보다 수도권 전력 부족 문제를 야기한 데이터센터를 최대한 비수도권으로 내려보내는 것이다.

특히 데이터센터는 공장과 달리 소비하는 전력에 비해 인력 고용이 거의 없기 때문에 수도권에 위치할 경우 인근 주민들이 얻을 장점이 없었다. 오히려 데이터센터에 전력을 공급하는 고압 전력선이 주택가 근처를 지나가기도 해서 주민들의 반발을 사는 경우도 많았다.

따라서 데이터센터가 비수도권으로 내려갈 수 있도록 인센티브 제공과 함께 강제적인 이행 조치가 필요했다. 다행히 국회에서 분산에너지특별법이 통과돼 2024년 6월부터 '전력계통영향평가'제도가 시행된다. 전력계통영향평가는 일정 규모 이상의 전력을 소비하는 건물을 지으려 할 때 해당 지역의 전력 공급 여력, 고용창출 효과, 주민 수용성 등을 종합적으로 평가해서 가부를 결정하는 제도다.

인센티브 측면에서도 데이터센터가 비수도권으로 갈 경우 전력요금을 할인해주는 등 각종 혜택을 추진하는 중이다.

보통 우리가 전력을 생각할 때 발전소라는 생산의 측면을 주로 고려하고, 송전망이라는 유통의 측면은 미처 생각하지 못하는 경우가 많다. 그러나 전력도 시장에서 파는 각종 상품처럼 생산과 함께 유통을 같이 생각해야 한다. 유통을 하지 못하면 생산지에서 제품이 버려지는 것은 전력이나 일반 제품이나 마찬가지다.

결론적으로 수도권의 전력 부족 문제는 최적의 에너지믹스라는 발전의 측면과 송전망 확충이라는 유통의 측면의 같이 고려해 해결해야 한다.

전자신문 ET 시론 | 2023년 8월 30일 25면

## 11차 전기본, 이념 갈등의 장 돼선 안 된다

각각의 발전소는 전력을 생산하는 발전원에 따라 각기 다른 특징을 갖고 있다. 전력생산가격, 원료 수급의 용이성, 탄소를 비롯한 오염물질 배출 규모, 전력계통에 대한 부담, 전력 수요에 맞춰 즉각적으로 출력을 조정할 수 있는 유연성 등 각각의 장 · 단점이 뚜렷하다.

태양광과 풍력 등 재생에너지는 탄소를 비롯한 오염물질을 배출하지 않는다는 점에서 친환경적이나 전력 생산이 날씨에 따라 유동적이라 원하는 시간에 전력을 생산하기 힘들다는 단점을 가지고 있다.

반면, 원자력은 무사고를 가정하면 저렴하게 에너지를 생산할 수 있으며, 탄소를 발생시키지 않는다는 장점을 가지고 있다. 그러나 발전소 건설과 폐기물 처리에서 주민 수용성이 매우 낮고 한번 사고가 나면 회복이 불가능하다는 치명적인 단점이 있다. 때문에 안전 및 사회적 갈등비용을 감안하면 저렴한 전력원인지 의문이다. 또한 원전은 24시간 일정하게 전력을 생산해야 하기 때문에 전력 수요에 유연하게 대처를 하지 못한다는 한계가 있다.

석탄은 전력 생산 비용이 저렴해 그간 전력 생산에 있어 가장 높은 비중을 가진 발전원으로 사용됐다. 그러나 탄소를 가장 많이 배출한다는 치명적인 결함이 있기 때문에 탈석탄은 거스를 수 없는 대세가 됐다.

액화천연가스(LNG, Liquefied Natural Gas)는 탄소를 발생시킨다는 점에서 한계가 있지만 석탄발전소에 비해 60%가량 더 적게 온실가스를 배출하는 등 친환경성에서 우위를 가지고 있다. 또한 전력 수요 변화에 따라 신속하게 전력 생산을 조정할 수 있다는 점에서 장점이 있다. 다만, 전력 생산 비용이 높다는 것이 단점이다.

때문에 특정 에너지에 지나치게 의존해 전력을 생산한다는 것은 위험한 선택이며, 과학적인 분석과 실현 가능성에 맞춰 각 발전원의 비율을 합리적으로 조정해야 한다. 당연하게도 이는 장기적인 계획이 필수이기 때문에 전력수급기본계획을 세워온 것이다.

그런데 윤석열 정부가 조기 수립을 추진하고 있는 11차 전력수급기본계획(이하 전기본)에서 신규원전 4기 이상이 구축된다는 전망이 우세하다. 집권 이후 원전비중을 여실히 높인 10차 전기본을 2023년 1월 13일 발표한 지 불과 1년도 되지 않아서다. 스스로 세운 10차 전기본이 문제가 있다고 자인한 것이다.

현재 한빛원전 1호기당 용량이 1GW인 점을 감안하면 최소 4GW가 추가되는 것이다. 기존 10차 전기본에서 계획된 2023년부터 2036년까지 원자력 정격용량 증가량 5.6GW에 버금가는 용량이 11차 전기본에 추가되는 셈이다.

10차 전기본 역시 윤석열 대통령의 집권 이후 원전확대 기조로 작성됐다는 점에서 원전용량 최소 4GW 증가는 급진적인 변화이며, 이로 중장기 전력계획에 혼란이 우려된다는 전문가들의 지적이 상당하다.

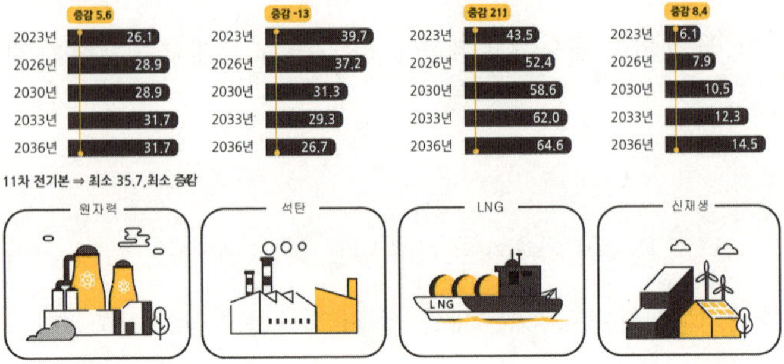


전체 전력 생산 전원 믹스에서 원전 비중이 증가하면 재생에너지, LNG, 수소 등 다른 에너지를 사용하는 발전소들의 비중이 그만큼 줄어들 수밖에 없고, 이에 따라 각 발전사업자들도 원래의 계획을 변경하거나 폐기하는 등 전력시장의 혼란이 예상되기 때문이다.

때문에 윤석열 정부는 11차 전기본에서 전력 수요 증가에 맞춰 적정한 전원 믹스를 맞추는 것이 아니라 정치적 이해관계에 따라 원전 확대라는 결론부터 미리 내려놓고 전기본을 짜 맞춘다는 비판을 피할 수 없다.

11차 전기본에 참여하는 인사들의 성향을 보면 편향성을 우려하는 전문가들의 시각도 여러 매체를 통해 보도되기도 했다.

필자가 우려하는 것은 11차 전기본 계획수립이 재생에너지와 원전을 두고 합리적인 수준을 넘어 진영 간 대립을 더욱 격화시키는 결과를 가져올 가능성이 높다는 점이다. 때문에 원전이 과도하게 확대되면 발생할 문제에 대한 냉철한 분석과 비판이 전기본 수립과정에서 수용될지 우려된다.

원전추가에 따른 전문가들의 가장 큰 우려는 전력 수요에 유연하게 대처하지 못하는 경직성이다. 보통 전력 수요는 오후 2~3시를 전후해 최대 수요를 기록하고 시간이 지날수록 줄어들다가 산업시설이 멈추는 저녁이 되면 수요가 가파르게 하락한다. 이러한 전력 수요 그래프가 오리를 닮았다 해서 '덕 커브(Duck Curve)' 현상이라 부른다.

그래서 낮 동안에는 전력을 많이 생산하고 밤에는 전력 생산을 줄여서 전력 수요와 공급을 일치시켜야 한다. 전기는 수요에 비해 공급이 미달될 경우는 물론 초과될 경우에도 대규모 정전

사태가 발생하기 때문이다.

그러나 원전은 24시간 내내 일정하게 전력을 생산해야 하기 때문에 수요에 맞춰 공급을 조절할 수 없다.

전력 수요에 즉각적으로 공급을 맞추지 못하는 경직성 전원의 성격은 재생에너지도 마찬가지다. 그러나 글로벌 대기업들이 2050년까지 제품 생산 등에 있어 재생에너지를 100% 사용한다는 'RE100' 캠페인을 선언한 만큼 재생에너지의 확대는 수출중심의 한국 경제를 위해서라도 적극적으로 추진해야 하며, 윤석열 정부 역시 이를 부정하지는 못할 것이다.

때문에 전원 믹스에서 재생에너지 확대가 상수인 상황에서 원전마저 추가로 늘리겠다는 윤석열 정부의 방침은 자칫 경직성이 증대돼 전력의 수요와 공급을 맞추지 못하는 위기로 이어질수 있다.

물론 이에 대한 해결방법이 없는 것은 아니다.

재생에너지가 수요 이상으로 생산될 때 전력을 저장하고, 수요가 증가할 때에는 저장된 전력을 공급하는 에너지저장장치(ESS)를 재생에너지 설비에 맞춰서 보급하면 경직성 문제를 해결할 수 있다. 10차 전기본에서도 2036년까지 최소 29조 원에서 최대 45조 원에 달하는 예산을 집행해 ESS 보급을 확대하겠다고 발표했다.

그러나 올해 상반기 한전의 적자가 200조 원을 넘어선 상태에서 최대 45조 원에 달하는 ESS 보급 비용을 한전이 감당하는 것은 사실상 불가능하다. 그렇다고 윤석열 정부의 국정운영 기조를 봤을 때 ESS 보급을 정부 예산으로 추진할 것으로 보이지 않는다. 그렇기 때문에 ESS 확대 없이 원전까지 확대한다면, 향후 전력 수요와 공급의 불일치가 악화될 위험이 크다.

또 하나는 송전선로의 문제다. 원전은 상당한 양의 냉각수를 사용하기 때문에 해안가에 지어져야 한다. 그런데 전력 수요처는 수도권이기 때문에, 원전을 추가하려면 수도권까지 전력을 이어줄 대규모 송전선로를 건설해야 한다.

그러나 송전탑에 대한 주민 수용성은 매우 떨어지며, 보상문제 등으로 원래 정부계획보다 지연되는 경우가 대부분이다. 일례로 동해안~신가평 송전선로의 경우 당초 완공 시점보다 10여 년가량 늦어질 예정이다. 그렇기 때문에 전력 전문가들은 원전으로 대표되는 중앙집중형 전원이 아닌 분산형 전원을 강화하는 것이 전력시스템 안정화를 위해 필요하다고 조언한다.

저탄소 친환경 에너지 시대에서 대한민국의 전력정책은 이념의 충돌이 되어서는 안 된다. 중립적인 전문가들의 논의를 통해 최적의 전원 믹스를 확정해야 한다. 11차 전기본에서 원전을 추가로 확대하겠다는 방침을 전문가들에게 강제해서는 객관성을 상실한 정치적 행위가 될 것이다.

| 첨단산업 |

# 항공우주기술 '누리호' 성공을 민간 분야로

지난 2022년 6월 21일은 대한민국이 또 한 번 세계적으로 도약한 날로 기억된다. 그날 한국항공우주원(KAI)에서 개발한 순수 우리 기술로 만든 우주선 '누리호'가 발사에 성공했다. 온 국민이 발사를 지켜보며 환호했다. 대한민국은 1t(톤)급 이상 위성을 우주로 보낼 수 있는 세계 7번째 나라가 됐다. 국민은 누리호의 성공을 자랑스러워하면서 대한민국이 우주 강국으로 도약할 수 있을 것이라 기대했다.

한국의 우주항공 기술은 준수한 수준에 도달했다. 특히 2022년도에는 국방비로만 464억 달러(약 62조 원)를 책정해 전 세계에서 열 번째로 많이 지출했다. 국방 분야 중에서도 우주항공 기술

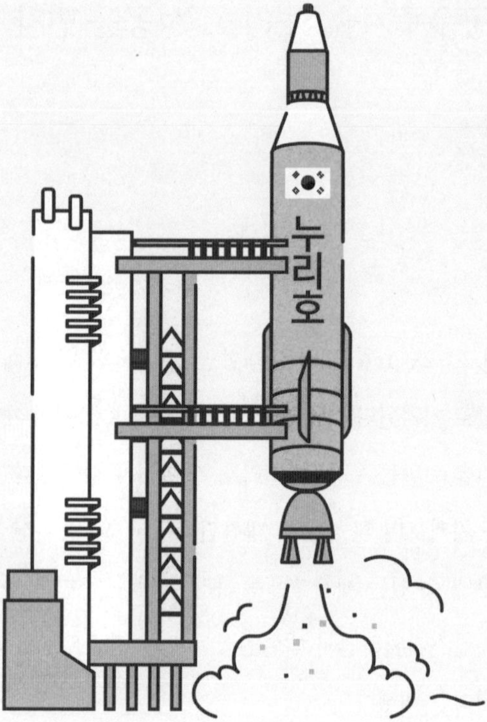
누리호

의 활용도는 매우 높았다.

그런데 현재 우리 우주항공 기술이 과연 전 세계 우주 경쟁에서 한국의 위상을 확보할 수 있는 수준인지 평가해본다면 마냥 긍정적이라 평하기는 어렵다. 미국과 러시아, 중국 그리고 이제는 인도까지 우주 경쟁에서 앞서가는 국가들과 나머지 국가 간의 기술 격차가 극심해졌기 때문이다.

인도만 해도 지난 8월 23일 인도의 무인 달 탐사선 '찬드라얀 3호'가 달 착륙에 성공했음을 알렸다. 미국, 러시아, 중국에 이어 네 번째다. 특히 인도는 탐사선을 달의 남극에 내리는 것으로 기술력을 인정받았다. 극지 착륙은 적도 착륙보다 훨씬 더 어렵다. 미국도 착륙한 적이 없고 아무도 간 적 없는 극궤도이기에 난이도가 더 높기 때문이다.

지금으로선 당장 한국이 미국이나 러시아처럼 달을 두고 경쟁할 수는 없다. 누리호의 발사 성공은 지구를 따라 도는 인공위성 궤도에서의 경쟁에 이제 첫발을 떼었다는 것을 의미하는 것에 불과하다.

그렇다면 이쯤에서 우리가 해야 할 일은 무엇일까. 아무래도 아폴로 계획과 같은 거대 계획을 세우는 것은 우주 강국을 넘어서는 데 한계가 있다. 한국의 우주항공 분야가 경쟁에서 살아남으려면 우리가 조만간 기술적으로 실현 가능한 영역에서부터 시장을 확보하는 데 좀 더 집중할 필요가 있다.

지금까지 우리는 우주 기술 개발을 위한 자금을 정부 예산으로 충당해왔다. 그런데 더 이상 우주항공 기술발전이 정부의 예산에 전적으로 의존하는 형태를 지속해서는 안 된다. 다시 말해 이는 민간 분야의 비중이 높아져야 한다는 것을 뜻한다. 즉 상품과 서비스를 판매하고 수익을 얻기 위해 우주항공 기술을 개발하는 선순환 구조를 만들어야 한다는 것이다.

그러나 아직 국내에서는 KAI나 군수산업을 영위하는 대기업을 제외하면 우주항공에 나서는 스타트업도 적을 뿐 아니라 벤처투자 시장에서도 크게 주목받지 못하는 실정이다.

국내 우주산업을 이끌어가는 벤처 기업을 알아보니 소형 위성 발사체를 전문으로 하는 '이노스페이스', 고효율 액체메탄 로켓을 활용하는 '페리지에어로스페이스'와 같은 기업들이 우주항공 분야에서 분투하고 있었다. 하지만 벤처 업계의 투자 선호 순위에서 밀려 벤처투자를 받은 스타트업은 10곳도 채 되지 않았다.

그러므로 우주항공 스타트업의 자금 확보를 위해서는 정부의 모태펀드 투자가 필요해졌다. 모태펀드의 자펀드를 결성할 때 주목적 투자로 우주항공 스타트업에 투자할 것을 규정하면서 동시에 안정적인 수익을 보장하는 세컨더리 펀드에 대한 투자를 좀 더 높은 비중으로 열어준다면 우주항공 스타트업에 대한 투자도 지금보다 활성화할 수 있다.

또한 벤처캐피탈에 투자를 받기 전 초기 단계의 우주항공 스타트업을 위한 정부의 지원프로그램을 별도로 만들어야 한다. 그런데 지금까지는 정부 지원정책에서 우주항공 분야의 특수성을 인정받지 못했다. 예를 들어 중소벤처기업부에서 운영하는 팁스(TIPS)의 경우 테크 기반의 스타트업을 대상으로 민간이 먼저 투자하면 국가도 같이 투자하는 민관합동 지원 프로그램을 제공해 상당한 성과를 거두어왔다.

하지만 기술 분야별로 사업화까지 시간 차이가 크다는 점을 고려하지 않아 팁스는 일괄적으로 2년 동안의 지원을 끝으로 사업이 종료된다는 한계가 분명했다. 항공우주 분야 기술 개발에 10년까지도 시간이 소요된다는 점을 감안한다면 2년은 턱없이 짧은 시간이다.

따라서 별도의 항공우주 분야 팁스를 계획해서 초기 스타트업이 안정적으로 개발자금과 환경을 확보할 수 있도록 기반을 닦아야 한다.

이미 미국은 국가 예산 위주로 항공우주기술 개발을 진행하는 타 국가들과 달리 항공우주 분야마저 수익을 내는 민간 경쟁 시장으로의 전환에 성공했다.

테슬라를 설립한 일론 머스크는 스페이스 X(엑스)를 창업해 2021년에만 무려 33차례나 로켓을 발사했다. 향후 2030년을 전후해서 1세대 위성 1만 2천 대와 2세대 위성 3만 대를 발사할 예정으로 이로써 전 세계 어디서나 최대 1Gbps[7](유선랜)에 달하는 초고속 인터넷 서비스를 제공하는 '스타링크' 프로젝트를 야심차게 추진하고 있다.

또 한편으로 스타링크를 통해 확보한 자금과 축적된 기술력으로 최종적으로는 2050년에 화성에 100만 명 규모의 도시를 세우겠다는 목표를 설정했다.

우주항공 분야가 과거 미국과 소련의 냉전 당시 '아폴로 계획'처럼 패권 국가 간의 위상을 둘러싼 경쟁이나 기술력을 과시하는 업적에서 나아가 실제 수익이 되는 사업 영역으로 확장되면 무섭게 기술이 발전할 수 있다는 것을 보여준 것이다.

결국 우리나라 우주항공 기술이 더 높게 날아오르려면 미국과 같이 우주항공 기술의 상업성을 확보해야 했다. 그리고 상업성 확보는 정부의 재정에 의존하면서 성장해온 기존 조직에 맡기기

7 1 giga bite per second: 1초에 1기가 용량의 data를 전송할 수 있다. 최근 full HD 수준의 고화질 영화 1편의 용량은 4gb 정도 되는데, 1gbps의 속도에서는 영화 1편을 다운 받는 데 4초 정도 소요된다는 뜻. 1Gbps를 유선이 아닌 무선으로 제공한다는 것이 스타링크의 혁신

보다는 처음부터 민간 분야에서의 수익 활동을 염두에 두고 창업한 민간 스타업을 육성하는 것이 더욱 바람직하다. 미국 역시 이제는 우주항공 분야의 프로젝트를 스페이스 X 등 민간기업이 주도하고 NASA는 이를 지원하는 것으로 역할이 조정되었다.

우주항공 분야는 다른 산업 분야와 달리 선두권이 아니면 경쟁할 자격조차 주어지지 않았다. 국력이 곧 우주경쟁력이었다. 예컨대 인도의 달 탐사선 착륙 성공으로 촉발된 향후 달의 자원 확보 등을 둘러싼 경쟁도 달에 도달할 수 있는 기술력을 가진 국가들만 참가할 수 있을 것이다.

즉 후발주자들의 등장 자체가 어려워졌다. 그런 측면에서 우리나라가 누리호의 발사 성공으로 더 늦지 않게 우주항공 경쟁에 참전한 것은 무척 다행인 일이다.

15세기 말과 16세기 초 시작된 유럽의 대항해시대는 동양보다 계속 경제 수준이 뒤처지던 서구 국가들을 이후 수백 년이 지난 현재까지 전 세계 국가 경쟁에서 승리자의 위치로 만들어준 극적인 계기였다. 대항해시대에 참여한 국가들의 경제지도가 유럽을 넘어 신대륙과 아프리카 그리고 아시아로까지 확장되고 이를 독점적으로 활용할 수 있었던 것이 승리의 비결이었다.

그리고 대항해시대 역시 처음에는 국가 주도로 시작되었지만 이후 발전 단계에서는 수익을 확보하기 위한 민간 사업자들의 직접 선박을 건조해 향신료 무역에 나서는 등 적극적인 참여와 재정적인 투자가 있었기에 동력을 확보할 수 있었다는 특징이 있다.

현재 이루어지고 있는 우주항공 분야의 경쟁도 대항해시대와 마찬가지다. 우주항공 분야 즉 우주 공간을 선점한 국가들은 지금 당장은 그 효과가 크지 않더라도 장기적으로는 우주 공간을 활용한 경제적 성과에서 그렇지 못한 국가에 비해 큰 혜택을 받을 것이며, 발전의 원동력 역시 국가의 재정지원과 함께 수익을 창출하려는 민간의 참여가 더해져야 시너지를 더 낼 수 있을 것이다.

대한민국이 '누리호'의 성공을 이어가고 더 발전하려면 우주항공 스타트업을 비롯한 민간 기업들의 기술발전과 사업화에 대한 지원을 강화해야 한다. 기술 저변의 발전은 국가가 책임을 지면서 동시에 특정 분야들 특히 상업화가 용이한 부분에서는 민간과 분담하는 것이 효율적이다.

매일경제

# '뉴스페이스 스타트업' 육성하려면

기 고
홍정민
국회의원

지난 21일 순수 우리 기술로 만든 '누리호'의 발사 성공은 국민들에게 벅찬 감동을 선사했다. 이제 대한민국은 1t급 이상 위성을 우주로 보낼 수 있는 세계 7번째 나라가 됐다. 스페이스X 등을 통한 우주 관광은 다른 나라의 일인 줄만 알았는데, 이제 우리도 민간 항공우주 분야의 급성장이 가능하지 않을까 기대하게 되는 계기가 됐다.

사실 우리나라 항공우주 기술 수준은 꽤 높은 편이다. 국방기술품질원이 2019년 주요국 무기체계 수준을 분석한 '국가별 국방과학기술 수준조사서'에 따르면, 한국의 항공우주 분야 기술은 세계 10위 수준이다.

이제 다음 단계는 민간이 주도하는 항공우주 산업 육성이다. 최근 '뉴 스페이스'라고 통칭하는 민간 중심의 항공우주 산업이 세계적으로 각광을 받고 있다. 모건스탠리는 2040년 세계 우주산업 시장 규모를 1조1000억달러로 2019년 대비 4배가량 커질 것으로 전망했다. 대표적인 '뉴 스페이스' 기업 스페이스X는 지난해 무려 33차례 로켓을 발사했으며 이는 전 세계 우주발사체 발사량의 4분의 1에 달하는 수치다. 이런 혁신적인 시도들은 주로 민간 기업, 특히 스타트업들이 진입하며 가속화됐다. 시장의 움직임을 잘 읽고 민첩하게 움직이는 스타트업의 특성으로 우주산업의 새로운 생태계를 창출했다.

우리나라도 '누리호'의 발사를 계기로 산업 육성을 위한 조언이 최근 며칠간 많이 발표됐다. 그러나 지원의 구체성에서는 아쉬움이 있었다. 특히 항공우주 산업의 성장과 혁신을 주도할 스타트업의 성장 환경 마련에 대해서는 언급이 부족했다.

항공우주 스타트업은 다른 분야의 스타트업보다 육성이 쉽지 않다. 최근 몇 년간 스타트업의 사업 여건이 많이 좋아졌다고는 하나, 항공우주 분야는 사업화까지 소요되는 시간이 타 분야에 비해 훨씬 길어 데스밸리 기간을 견디기가 더 어렵기 때문이다. 그럼에도 아직 우리 정부의 지원 제도는 항공우주 스타트업의 특수성을 제대로 담지 못하고 있다. 예를 들어 중기부의 스타트업 지원 프로그램인 팁스(TIPS)는 그간 테크 기반 스타트업을 육성하는 데 큰 기여를 해왔다. 그러나 분야별로 사업화까지 시간 차이가 난다는 점을 고려하지 않아 팁스는 일괄적으로 2년 동안의 지원을 끝으로 사업이 종료되는 상황이다. 항공우주 분야 기술 개발에 10년까지도 시간이 소요된다는 점을 감안한다면 2년은 턱없이 짧은 시간이다.

이런 점에서 항공우주 스타트업 등 육성에 시간이 많이 소요되는 분야를 위한 별도의 장기적인 지원책을 마련해야 한다. 이를테면 사업화까지 호흡이 긴 테크 분야를 위한 팁스 프로그램을 신설하거나 만기가 긴 항공우주 전용 모태펀드 조성, 뉴 스페이스 산업 육성 맞춤형 R&D 신설 등을 고려해 볼 수 있을 것이다.

물론 최근 우리나라에서도 뛰어난 항공우주 스타트업이 속속 등장한다는 점은 고무적이다. 소형 위성 발사체를 전문으로 하는 '이노스페이스', 고효율 액체메탄 로켓을 활용하는 '페리지에어로스페이스' 등이 대표적이다. 그러나 벤처업계의 투자 선호 순위에서 밀려 벤처투자를 받은 항공 스타트업은 10곳도 채 되지 않는다.

'누리호' 발사 성공을 보며 항공우주 스타트업들이 더 힘을 받고, 더 많이 창업할 수 있도록 기반을 마련해야 한다는 책임감이 더욱 절실해졌다. 우리 항공우주 스타트업이 우주로 비상할 수 있도록 충분한 제도적 지원 마련에 최선을 다하겠다.

매일경제 매경이코노미스트 | 2022년 7월 1일 34면

## 뉴 스페이스 스타트업을 육성하려면

지난 21일 순수 우리 기술로 만든 '누리호'의 발사 성공은 국민들에게 벅찬 감동을 선사했다. 이제 대한민국은 1t급 이상 위성을 우주로 보낼 수 있는 세계 7번째 나라가 됐다. 스페이스 X 등을 통한 우주 관광은 다른 나라의 일인 줄만 알았는데, 이제 우리도 민간 항공우주 분야의 급성장이 가능하지 않을까 기대하게 되는 계기가 됐다. 사실 우리나라 항공우주 기술 수준은 꽤 높은 편이다. 국방기술품질원이 2019년 주요국 무기체계 수준을 분석한 '국가별 국방과학기술 수준조사서'에 따르면, 한국의 항공우주 분야 기술은 세계 10위 수준이다.

이제 다음 단계는 민간이 주도하는 항공우주 산업 육성이다. 최근 '뉴 스페이스'라고 통칭하는 민간 중심의 항공우주 산업이 세계적으로 각광을 받고 있다. 모건스탠리는 2040년 세계 우주

산업 시장 규모를 1조 1천억 달러로 2019년 대비 4배가량 커질 것으로 전망했다. 대표적인 '뉴 스페이스' 기업 스페이스 X는 지난해 무려 33차례 로켓을 발사했으며 이는 전 세계 우주발사체 발사량의 4분의 1에 달하는 수치다. 이런 혁신적인 시도들은 주로 민간 기업, 특히 스타트업들이 진입하며 가속화됐다. 시장의 움직임을 잘 읽고 민첩하게 움직이는 스타트업의 특성으로 우주 산업의 새로운 생태계를 창출했다.

우리나라도 '누리호'의 발사를 계기로 산업 육성을 위한 조언이 최근 며칠간 많이 발표됐다. 그러나 지원의 구체성에서는 아쉬움이 있었다. 특히 항공우주 산업의 성장과 혁신을 주도할 스타트업의 성장 환경 마련에 대해서는 언급이 부족했다.

항공우주 스타트업은 다른 분야의 스타트업보다 육성이 쉽지 않다. 최근 몇 년간 스타트업의 사업 여건이 많이 좋아졌다고는 하나, 항공우주 분야는 사업화까지 소요되는 시간이 타 분야에 비해 훨씬 길어 데스밸리 기간을 견디기가 더 어렵기 때문이다. 그럼에도 아직 우리 정부의 지원 제도는 항공우주 스타트업의 특수성을 제대로 담지 못하고 있다. 예를 들어 중기부의 스타트업 지원 프로그램인 팁스(TIPS)는 그간 테크 기반 스타트업을 육성하는 데 큰 기여를 해왔다. 그러나 분야별로 사업화까지 시간 차이가 난다는 점을 고려하지 않아 팁스는 일괄적으로 2년 동안의 지원을 끝으로 사업이 종료되는 상황이다. 항공우주 분야 기술 개발에 10년까지도 시간이 소요된다는 점을 감안한다면 2년은 턱없이 짧은 시간이다.

이런 점에서 항공우주 스타트업 등 육성에 시간이 많이 소요되는 분야를 위한 별도의 장기적인 지원책을 마련해야 한다. 이를테면 사업화까지 호흡이 긴 테크 분야를 위한 팁스 프로그램을 신설하거나 만기가 긴 항공우주 전용 모태펀드 조성, 뉴 스페이스 산업 육성 맞춤형 R&D 신설 등을 고려해 볼 수 있을 것이다.

물론 최근 우리나라에서도 뛰어난 항공우주 스타트업이 속속 등장한다는 점은 고무적이다. 소형 위성 발사체를 전문으로 하는 '이노스페이스', 고효율 액체메탄 로켓을 활용하는 '페리지에어로스페이스' 등이 대표적이다. 그러나 벤처업계의 투자 선호 순위에서 밀려 벤처투자를 받은 항공 스타트업은 10곳도 채 되지 않는다.

'누리호' 발사 성공을 보며 항공우주 스타트업들이 더 힘을 받고, 더 많이 창업할 수 있도록 기반을 마련해야 한다는 책임감이 더욱 절실해졌다. 우리 항공우주 스타트업이 우주로 비상할 수 있도록 충분한 제도적 지원 마련에 최선을 다하겠다.

| 마이스(MICE)산업 |

# 한국 전시산업의 중심 킨텍스

해마다 1월이 되면 미국 라스베이거스에서는 전 세계 최대규모의 전시회, 글로벌 기업들이 심혈을 기울인 차세대 역작을 처음으로 공개하는 CES(Consumer Electronics Show, 국제전자제품박람회)가 열린다. CES는 '세계에서 가장 영향력 있는 첨단기술 전시회(The Most Powerful Tech Event in the World)'라는 모토에 걸맞게 전 세계 기술과 산업발전 방향을 확인할 수 있는 매우 중요한 자리다.

그래서 CES가 다가오면 전 세계 유수의 기업인, 학자, 언론인, 관료, 정치인들이 CES에 모여 앞으로의 기술 트렌드를 확인하고 업계 관계자들과 폭넓은 네트워킹을 진행하며 새로운 바이어를 발굴하는 등 온갖 비즈니스가 이루어진다.

이에 CES에서 좁은 부스 하나(9㎡)를 빌려서 5일 동안 전시하는 데 보통 5천만 원 내외의 상당한 비용이 들어가지만, 대기업부터 스타트업까지 CES에 참가하기 위해 최선을 다한다. 실제로 CES에 참가하는 대기업들은 바로 차년도 CES에 참가하기 위한 호텔 객실을 체크아웃하면서 동시에 그 자리에서 1년 뒤 객실 예약도 미리 하고 있을 정도였다.

이렇게 사람들이 많이 몰리다 보니 참가 비용 등 CES 전시회로 발생하는 직접 수익뿐 아니라 전시회 인근에서의 숙박비, 식비, 교통비, 관광비 등 지출을 종합적으로 감안하면 CES가 열리는 일주일 동안 라스베이거스시가 얻게 되는 경제유발 효과가 1조 원에 달한다는 통계도 있다.

과거 라스베이거스가 도박의 도시였다면, 지금 라스베이거스는 CES 단일 전시 하나만으로도 도시 하나가 먹고 살 수 있다고 표현해도 과언이 아니다.

CES에서 확인할 수 있듯이 전시산업은 이른바 산업을 위한 산업으로 기업의 무역촉진과 판매증진, 글로벌화를 지원해주는 기반산업이기 때문에 선진국가들이 글로벌 전시시장에서 치열하게 경쟁하고 있으며, 보통 각 국가의 GDP 순서대로 전시산업 규모도 따라가는 것이 일반적이다.

미국에 이어 중국의 전시산업 역시 급속하게 발전하고 있었다. 중국의 경우 CES 같은 위상을 가진 전시회가 있지는 않지만, 막대한 내수시장을 바탕으로 바이어를 끌어들이고 있었다. 특히 중국의 전시장은 무엇보다 큰 규모가 장점이어서 전시장 면적 기준 전 세계 상위 10개 전시장 중 중국에 위치한 곳만 7곳에 달했다.

상하이국립전시컨벤션센터(40만㎡), 선전월드전시컨벤션센터(40만㎡), 중국서부국제박람회장(36만㎡)이 대표적인 중국의 전시장이다. 40만㎡(세제곱미터)는 킨텍스와 코엑스, 벡스코 등 국내 전시장 면적을 전부 합쳐도 이에 미치지 못할 정도로 큰 규모다.

반면 한국은 전 세계 GDP 10위권의 경제 규모에도 불구하고 전시산업에서는 후발주자라고 볼 수 있다. 이에 국내에서도 전시산업 발전을 위해서 전시장의 대형화가 필요하다는 목소리가 높아졌고, 이에 대한 대책으로 수도권에 위치한 킨텍스가 국책 사업으로 지정돼 제3전시장까지 건설을 위한 절차가 진행되는 중이다.

현재 킨텍스 제3전시장은 2023년 8월 기재부 총사업비 심의에서 공사비 1,545억 원이 증액돼 총 공사비 5,998억 원이 확정된 상황이다. 2023년 현재 윤석열 정부의 긴축재정 기조로 대부분의 대규모 사업들이 좌초되거나 대폭 축소되는 상황에서도 킨텍스 제3전시장 예산이 대폭 증액된 것은 전시산업 발전을 위해 반드시 필요한 조치였기 때문이었다.

킨텍스가 현재 운영하는 1, 2전시장이 각각 5만 4천㎡이며, 3전시장까지 완성하면 전시공간이 18만㎡ 규모로 세계 전시장 중 25위권으로 상승하게 된다. 이로써 전시장 대형화에 대한 필요성은 충족될 수 있게 되었다.

그러나 여전히 한국 전시산업의 글로벌화와 전문화라는 과제가 남아 있었다. 특히 아직까지 한국을 대표하는 전시회는 부족한 상황이었다. 그나마 반도체 산업협회가 주관하는 반도체산업협회가 주관하는 SEDEX(세덱스) 반도체 대전이 있지만, 가전 분야의 CES나 모바일 분야의 MWC[8]의 위상에는 미치지 못하고 있는 것이 사실이었다.

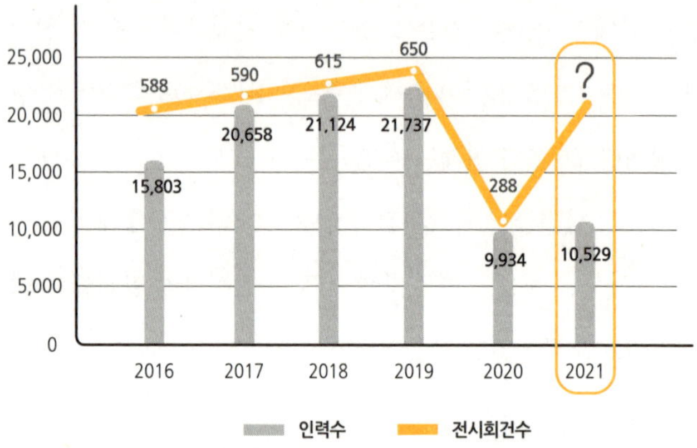


| 전시산업 인력 부족 추이

또한 전시산업 전문인력 양성 문제도 코로나19 이후 갑작스럽게 제기된 현안이다. 코로나 이전인 2019년 21,737회에 달하

8 매해 2월에 열리는 세계 최대의 모바일 기기 박람회로, 스페인 바르셀로나에서 개최되고 있다. 전 세계 메이저 박람회 중 유일하게 모바일을 주제로 하고 있으며, 스페인 바르셀로나뿐만이 아니라 중국, 미국으로 박람회를 확장하려 하고 있다.

던 국내 전시회 건수와 650명의 종사자 수가 2020년에는 9,934회와 288명으로 반토막이 났다. 그 이후 작년부터 전시회 개최 건수는 회복되는 추세로 돌아섰지만 한번 떠나간 인력은 여전히 돌아오고 있지 않다.

전시산업 전문인력을 추가로 양성하지 못한다면 전시회 건수는 많아지는데 인력은 부족한 상황이 반복돼 결과적으로 한국 전시산업의 경쟁력이 떨어질 것이 우려되었다.

킨텍스로 대표되는 전시산업이 발전하려면 글로벌화와 전문인력 양성이라는 당면한 과제를 시급히 해결해야 했다.

한편 고양시에 위치한 킨텍스는 고양시의 지역경제발전을 위해서도 매우 중요한 위치를 차지한다. 고양시에서 가장 큰 단일 사업장을 꼽는다면, 단연 킨텍스라 할 수 있다. 경기 북부로 범위를 넓히더라도 킨텍스는 파주에 위치한 LG 디스플레이 다음으로 사업장 규모가 크다.

그만큼 킨텍스는 현재 고양시와 경기 북부 지역의 대표기업이

KINTEX

다. 고양시에서 양질의 일자리 창출할 여러 가지 전략이 있지만, 가장 현실적인 방안은 킨텍스를 앵커기업(선도기업)으로 삼아 첨단산업 등을 발전시키는 것이다.

이미 고양시에는 킨텍스와 함께 시너지 효과를 낼 제도와 시설들이 단계적으로 마련되고 있다. 우선 킨텍스 바로 옆에 건설되고 있는 CJ 아레나가 있다. CJ그룹에서 건설 중인 이곳은 실내 2만 석, 실외 4만 석으로 총 6만 석 규모의 한류 공연 전문 공연장이다.

국내에서 열리는 아이돌이나 해외 유명 팝가수가 초청되는 대형 공연의 경우 잠실 올림픽 주 경기장이나 체조 경기장 등에서 열리고 있다. 그러나 전문 공연장이 아니기 때문에 관객들에게 고품질의 퍼포먼스나 음향 등을 효과적으로 전달하기에는 한계가 있었다.

CJ 아레나가 완성되면 K-Pop 공연을 보기 위해 전 세계 한류 팬들이 몰려들 것이다. 이는 킨텍스의 전시산업과 시너지 효과가 터질 것이다. 한류 공연과 전시회의 동시 개최는 이미 해외에서 성과를 입증한 사업 모델이기 때문이다.

코로나 이전 해외 각지에서 'K-CON 한류 콘서트'라는 명칭으로 한류 아이돌 공연이 진행되었으며 여기에 연계된 행사로 코트라(KOTRA)에서는 수출전시회를 개최했었고 상당한 호응을 이끌어냈다. 코트라에서 똑같은 수출전시회를 열더라도 한류 공연과 연계되는지 여부에 따라 바이어들의 참여 수를 비롯해 행사의 성과가 달라졌다. 그만큼 한류는 다른 국가에서 흉내 낼 수 없는 한국만의 독점상품이며, 전시산업 역시 한류와의 연계를 통해 경쟁력을 키울 수 있다.

CJ 아레나가 완공된 후 한류 공연과 함께 바로 옆에 위치한 킨텍스에서 대한민국 기업들의 B2B, B2C 전시회를 연다면 관광객이 바이어가 되고, 바이어가 관광객이 되는 선순환 효과를 기대할 수 있다.

앞서 언급한 CES에 참석한 전 세계 각국의 참가자들도 전시회만 보는 것이 아니라, 라스베이거스 태양의 서커스, 오쇼 등 곳곳에서 상연되고 있는 각종 공연을 관람했다. 전시산업과 콘텐츠 산업의 콜라보를 통해 추가적인 부가가치를 창출하는 것이다.

또한 현재 고양시는 앞서 언급한 킨텍스와 CJ 라이브시티 그리고 일산 테크노밸리 일대를 중심으로 경제자유구역을 추진하고 있다. 현재 경기도에서 용역이 진행되고 있으며, 2023년 연말이나 2024년 초 용역이 완료되면 산업부에 최종 선정 심사가 진행될 예정이다.

산업부의 경제자유구역에 최종 선정되면 고양시는 수도권 규제에도 불구하고 해외투자기업과 유턴기업을 대상으로 관세, 취득세, 재산세에 있어서 경우에 따라 100% 면세까지 받을 수 있는 길이 열린다.

킨텍스에서 열리는 전시회를 통해 해외 기업인들이 자주 방문하며 고양시 경제자유구역의 면세 혜택을 확인하고, 한류 콘텐츠의 막강한 영향력을 목격하게 된다면 고양시 전시산업, 콘텐츠 산업에 대한 투자를 적극적으로 유치할 수 있을 것이라 기대한다.

경기도 북부 지역은 수도권임에도 접경지역으로서 군사시설 규제 등으로 서울이나 경기 남부에 비해서는 경제적으로 격차가 크다. 때문에 경기 북부의 강점을 살린 산업경쟁력을 확보해야 하며, 이는 킨텍스로 대표되는 전시산업의 발전을 통해 시작될 수 있다고 판단한다.

매일경제

# 해외 바이어를 불러들이려면

**매경이코노미스트**
**홍정민** 국회의원(경제학 박사)

**하노버·쾰른 등 전시회서**
**獨 34만개 글로벌 강소기업**
**세계 무대 데뷔 발판 마련**
**전시산업이 곧 수출 경쟁력**

18개월 동안 강세를 보이던 달러화 가치가 급격히 떨어졌다. 유로화, 엔화 등 주요 6개국 통화 대비 달러 가치를 나타내는 달러인덱스는 2022년 9월 114.787까지 치솟으며 20년 만에 최고치를 찍었지만 지난 4월 14일 장중 100.766까지 하락했다. 그러나 달러화 가치 하락에도 원화의 가치가 더 크게 떨어져 우리 경제에 심각한 위기 신호를 주고 있다. 지난 2월 2일 1달러에 1227원이던 원·달러 환율은 4월 19일 1329원으로 연중 최고치를 경신했다.

한국은행은 최근 우리나라 환율 변화의 상당 부분이 무역수지 적자에 기인한다는 점을 지적했다. 경기 하강 시점에서 원화 가치 하락을 활용한 수출 증대로 경기를 회복하던 전략이 더 이상 통하지 않은 것이다. 오히려 유가가 다시 상승하는 상황에서 에너지나 원자재 수입비용이 늘어나 인플레이션과 경기 하락의 이중고가 더 악화됐다.

무역수지 문제를 해결하기 위해 정부에서도 대기업은 물론 중소기업의 수출지원에 최선을 다하고 있다. 그러나 현장에서는 배터리, 전기자동차 등 일부 제조업 분야만 호조를 보이고 있을 뿐 그 외 분야는 침체를 벗어나지 못하고 있다. 특히 중소기업의 경우 해외 네트워크가 부족할뿐더러 해외 마케팅 비용과 시간을 감당하기 힘들어 바이어를 찾기 힘든 것이 현실이다.

이 때문에 해외에 일단 진출해서 시장을 개척하던 그동안의 아웃바운드 중심 수출 정책에서 외국 바이어들을 국내로 불러들이는 인바운드 수출 정책으로 중소기업의 해외 진출을 뒷받침해야 한다.

일례로 독일은 히든 챔피언으로 불리는 34만개의 글로벌 강소기업이 독일 경제를 주도하고 있다. 하노버·쾰른·프랑크푸르트 메세(Messe) 등 주요 전시장도 히든 챔피언 기업의 분포에 따르고 있다. 전시장마다 자연스럽게 지역별 특화 전시회를 발전시켜 히든 챔피언들이 글로벌 무대에 데뷔하는 쇼마케팅의 장으로 활용하고 있다.

반면 한국의 전시산업(MICE산업)은 걸음마 단계다. 세계 1~10위 규모의 전시장 중 7곳이 중국에 쏠려 있고, 상하이컨벤션센터만 40만㎡인 데 반해 한국의 전시장은 다 합쳐 43만㎡에 불과하다.

대부분 국가들이 산업 규모에 걸맞은 전시산업 경쟁력을 갖춘 것과 달리 우리는 전 세계 10위권의 경제 규모에 비해 전시장의 규모와 인프라, 시장 규모가 전반적으로 열악하다. 경기도 킨텍스, 서울 코엑스, 부산 벡스코, 대구 엑스코 등이 주요 전시장으로 꼽히고 있지만 이 중 가장 규모가 큰 킨텍스조차도 1·2전시장을 합쳐 전시면적이 10만8566㎡일 뿐이다. 전 세계 60위권에 그친다.

이 때문에 대한민국 산업 규모에 걸맞은 정부의 전시장 규모 및 인프라 확충, 전문인력 양성, 특성화 지원이 필요하다. 특히 CES나 MWC처럼 세계적인 규모의 첨단전략산업 전시회를 키워야 한다. 대한민국이 경쟁력을 갖춘 반도체나 배터리 분야에서 특색 있는 전시회를 발전시킨다면 전 세계 유수의 기업들이 한국으로 몰려들 것이다.

미국 라스베이거스에서 열리는 CES는 천문학적인 규모의 경제 성과를 올리고 있다. 올해도 축구장 26개를 합친 규모의 전시 공간(18만6000㎡)에서 전 세계 170여 개국, 3100여 개 기업이 참여했고 1조원이 넘는 경제적 효과를 거뒀다. 이보다 작은 규모인 스페인의 MWC도 경제파급 효과가 5억유로에 달한다.

대한민국의 전시산업은 전체 산업 규모에 비해 규모가 작기 때문에 앞으로의 발전 가능성이 무궁무진하다. 무역적자 문제를 극복하고 첨단산업 경쟁력 극대화와 중소기업의 해외 진출을 위해 전시산업에 대한 제도적인 지원과 투자가 필요하다.

(16.6*20.6)cm

매일경제 매경이코노미스트 | 2023년 4월 25일 35면

## 해외 바이어를 불러들이려면

**하노버 · 쾰른 등 전시회서 獨 34만 개 글로벌 강소기업**

**세계 무대 데뷔 발판 마련**

**전시산업이 곧 수출 경쟁력**

18개월 동안 강세를 보이던 달러화 가치가 급격히 떨어졌다. 유로화, 엔화 등 주요 6개국 통화 대비 달러 가치를 나타내는 달러인덱스는 2022년 9월 114.787까지 치솟으며 20년 만에 최고치를 찍었지만 지난 4월 14일 장중 100.766까지 하락했다. 그러나 달러화 가치 하락에도 원화의 가치가 더 크게 떨어져 우리 경제에 심각한 위기 신호를 주고 있다. 지난 2월 2일 1달러에 1,227원이던 원 · 달러 환율은 4월 19일 1,329원으로 연중 최고치를 경신했다.

한국은행은 최근 우리나라 환율 변화의 상당 부분이 무역수지 적자에 기인한다는 점을 지적했다. 경기 하강 시점에서 원화 가치 하락을 활용한 수출 증대로 경기를 회복하던 전략이 더 이상 통하지 않은 것이다. 오히려 유가가 다시 상승하는 상황에서 에너지나 원자재 수입비용이 늘어나 인플레이션과 경기 하락의 이중고가 더 악화됐다.

무역수지 문제를 해결하기 위해 정부에서도 대기업은 물론 중소기업의 수출지원에 최선을 다하고 있다. 그러나 현장에서는 배터리, 전기자동차 등 일부 제조업 분야만 호조를 보이고 있을 뿐 그 외 분야는 침체를 벗어나지 못하고 있다. 특히 중소기업의 경우 해외 네트워크가 부족할뿐더러 해외 마케팅 비용과 시간을 감당하기 힘들어 바이어를 찾기 힘든 것이 현실이다.

이 때문에 해외에 일단 진출해서 시장을 개척하던 그동안의 아웃바운드 중심 수출 정책에서 외국 바이어들을 국내로 불러들이는 인바운드 수출 정책으로 중소기업의 해외 진출을 뒷받침해야 한다.

일례로 독일은 히든 챔피언으로 불리는 34만 개의 글로벌 강소기업이 독일 경제를 주도하고 있다. 하노버 · 쾰른 · 프랑크푸르트 메세(Messe) 등 주요 전시장도 히든 챔피언 기업의 분포에 따르고 있다. 전시장마다 자연스럽게 지역별 특화 전시회를 발전시켜 히든 챔피언들이 글로벌 무대에 데뷔하는 쇼마케팅의 장으로 활용하고 있다.

반면 한국의 전시산업(MICE산업)은 걸음마 단계다. 세계 1~10위 규모의 전시장 중 7곳이 중국에 쏠려 있고, 상하이컨벤션센터만 40만$m^2$인 데 반해 한국의 전시장은 다 합쳐 43만$m^2$에 불과하다.

대부분 국가들이 산업 규모에 걸맞은 전시산업 경쟁력을 갖춘 것과 달리 우리는 전 세계 10위권의 경제 규모에 비해 전시장의 규모와 인프라, 시장 규모가 전반적으로 열악하다. 경기도 킨텍스, 서울 코엑스, 부산 벡스코, 대구 엑스코 등이 주요 전시장으로 꼽히고 있지만 이 중 가장 규모가 큰 킨텍스조차도 1 · 2전시장을 합쳐 전시면적이 10만 8,566$m^2$일 뿐이다. 전 세계 60위권에 그친다.

이 때문에 대한민국 산업 규모에 걸맞은 정부의 전시장 규모 및 인프라 확충, 전문인력 양성, 특성화 지원이 필요하다. 특히 CES나 MWC처럼 세계적인 규모의 첨단전략산업 전시회를 키워야 한다. 대한민국이 경쟁력을 갖춘 반도체나 배터리 분야에서 특색 있는 전시회를 발전시킨다면 전 세계 유수의 기업들이 한국으로 몰려들 것이다.

미국 라스베이거스에서 열리는 CES는 천문학적인 규모의 경제 성과를 올리고 있다. 올해도 축구장 26개를 합친 규모의 전시 공간(18만 6,000㎡)에서 전 세계 170여 개국 3,100여 개 기업이 참여했고 1조 원이 넘는 경제적 효과를 거뒀다. 이보다 작은 규모인 스페인의 MWC도 경제파급 효과가 5억 유로에 달한다.

대한민국의 전시산업은 전체 산업 규모에 비해 규모가 작기 때문에 앞으로의 발전 가능성이 무궁무진하다. 무역적자 문제를 극복하고 첨단산업 경쟁력 극대화와 중소기업의 해외 진출을 위해 전시산업에 대한 제도적인 지원과 투자가 필요하다.

| 콘텐츠산업 |

# 콘텐츠산업의 지속가능성을 위한 앱 마켓 갑질 방지

지금 우리의 삶은 스마트폰을 비롯한 모바일 기기와 분리해서 생각할 수 없다. 통화와 메시지라는 기본 서비스는 물론 정보 검색, 영화 및 드라마 시청, 음악감상, 게임, 식당 예약, 티켓팅 등 거의 모든 생활 분야에서 모바일 기기를 사용한다.

이에 따라 모바일 분야 스타트업 중 상당수가 특정 분야에서의 플랫폼 장악을 목표로 비즈니스 모델을 만드는 경우가 많다. 예를 들어 배달의 민족이 배달 시장을 장악하고, 당근마켓이 중고거래 시장을 장악한 것처럼 특정 분야의 플랫폼을 장악하면 독점적 사업자로서 엄청난 수익을 올릴 수 있기 때문이다.

그런데 모바일 플랫폼 간에도 층위가 구분되었다. 우리가 보통 네이버나 카카오를 플랫폼 시장을 장악한 사업자라고 생각하겠지만, 네이버나 카카오 역시 구글에서 제공하는 안드로이드 운영체제나 애플에서 제공하는 iOS 운영체제를 사용할 수밖에 없다는 한계가 있었다.

스마트폰 운영체제를 양분하고 있는 구글과 애플이 플랫폼들의 플랫폼, 모바일 세계의 독점사업자로 군림하고 있었다. 어떤 기업들도 모바일 분야에서 사업을 영위하는 한 구글과 애플의 비위를 거스를 수 없는 것이 현실이었다.

그 이유는 모바일 애플리케이션 대부분이 '앱 마켓'을 통해 판매되기 때문이었다. 전 세계의 애플리케이션은 구글의 '플레이스토어'와 애플의 '앱스토어'를 통해 유통된다. 국내 역시 사정은 비슷했다. 국내 모바일 빅데이터 분석 플랫폼 모바일인덱스에 따르면 2021년도 기준 구글 플레이스토어의 한국 시장 점유율은 71.9%, 원스토어 14.5%, 애플 앱스토어 13.6%로 구글과 애플이 합쳐 85%를 상회하는 상황이다.

말하자면 상품을 팔 수 있는 장터의 자리를 구글과 애플이 독점하고 있는 것이다. 구글과 애플이 애플리케이션 판매를 거부하거나 업데이트를 연기만 해도 애플리케이션을 개발하고 공급하는 사업자들은 물건을 팔 수 있는 판로가 전부 막혀버리게 된다.

그래서 구글과 애플의 매출 상당 부분은 자신의 장터에 입점한 애플리케이션 개발자가 소비자에게 상품이나 서비스를 판매한 대금의 일부를 수수료로 받는 식으로 이루어진다. 즉 앱 마켓이라는 장터를 깔아줬으니 이에 대한 대가를 받겠다는 것이다.

당초 구글은 폐쇄적인 생태계를 구축한 애플과는 달리 스마트폰 운영체제 후발주자로서 다양한 판매자를 끌어들이기 위해 더 유연한 과금 정책을 시행했다.

구글은 게임에 한해서만 플레이스토어를 필수적으로 사용해 결제하도록 강제했으며 판매대금의 30%를 수수료로 수취했다. 반면 애플 앱스토어는 게임뿐만이 아니라 모든 디지털 콘텐츠에 대해 30%의 수수료를 부과했다. 그래서 이전에는 유튜브, 멜론 등의 동일한 서비스도 플레이스토어와 앱스토어에서의 가격이 달랐다.

그런데 2020년 6월 구글은 개발자 공지를 통해 기존 플레이스토어의 과금 체계에 대한 새로운 정책을 공개했다. 종전 게임에만 적용되던 인앱결제[9]를 애플처럼 모든 분야로 확대하고 수수료 30%를 웹툰, 전자책, 디지털 음원 등 다른 콘텐츠 애플리케이션에도 같이 적용하겠다는 내용이었다.

그리고 이 결정은 안드로이드 운영체제를 독점 공급하는 구글이 지배력을 남용하여 결제수단을 강제화함으로써 콘텐츠 생산자와 소비자에게 과도한 부담을 지운다는 업계 및 학계의 지적이 이어졌다.

나는 '인앱결제 강제'에 대한 업계의 목소리를 듣고, 2020년 7월 앱 마켓 사업자의 갑질을 방지하는 '인앱결제 강제 금지법(전기통신사업법 개정안)'을 국회에서 처음으로 발의했다. 구글이나 애

9 스마트폰에 설치한 앱에 내재된 결제 시스템을 이용하는 것. 대표적으로 유튜브, 멜론 등의 결제가 있다.

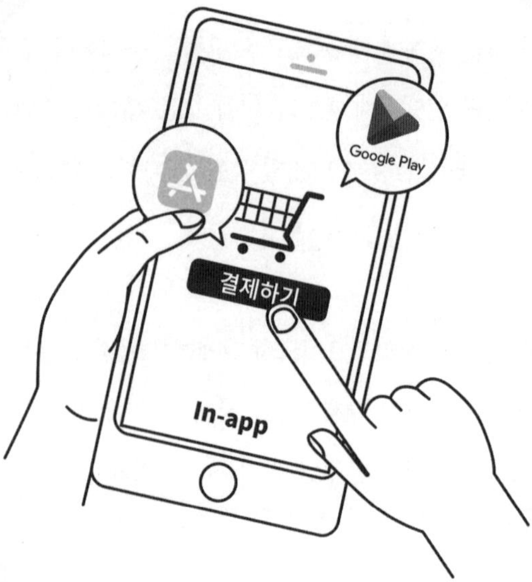
Google Play
결제하기
In-app

플 등 앱마켓 사업자가 거래상의 지위를 부당하게 이용하여 콘텐츠 개발자들 측에서 불리한 계약을 체결하지 못하게 하는 등 앱마켓 사업자의 책임과 의무를 명시적으로 규정하여 앱마켓 이용자와 콘텐츠 개발자의 피해를 줄이고자 하는 것이 주요 내용이었다.

이어 여야 의원들도 인앱결제 강제를 막는 내용의 법안을 추가로 발의했다. 이에 위기감을 느낀 구글은 유화책으로 2020년 11월 인앱결제 의무화 적용 시기를 당초 2021년 1월에서 10월로 연기했고, 연매출 100만 달러(약 11억 원)까지는 수수료를 절반으로 인하하는 안을 내놓았다.

당초 여야에서 경쟁적으로 개정안이 다수 발의되어 합의로 수월하게 처리될 것 같았던 '인앱결제 강제 금지법'은 1년 동안 당시 야당이었던 국민의힘의 반대로 진통을 겪었다. 미국과의 통상마찰 우려 등 부작용이 우려된다는 것이 이유였다. 실제로 미국 무역대표부(USTR)가 인앱결제 강제 금지법이 한미 FTA 위반 소지가 있다면서 반대 의견을 피력하기도 했다.

그러나 유럽은 물론 미국 내부에서까지 구글의 인앱결제 강제 조치가 부당하며 규제를 해야 한다는 여론이 힘을 얻으며 대한민국 입법 과정에도 탄력을 받기 시작했다. 앱 개발자 및 콘텐츠 생산자들도 문제의 본질은 수수료 할인이 아닌 독점적 지위를 앞세운 인앱결제 강제화라는 점을 꼬집었다.

2021년 7월 당시 여당이었던 더불어민주당은 야당의 반대에도 불구하고 과방위 안건조정위, 과방위 전체회의에서 인앱결제 강제 금지법을 통과시켰다. 이후 내가 최초로 발의한 지 1년 1개월 만인 2021년 8월 31일 국회 본회의 문턱을 넘었다.

한국에서 최초로 인앱결제 강제를 금지하는 전기통신사업법이 개정된 이후 각국에서도 비슷한 논의가 활발히 진행되고 있다. 네덜란드에서는 공정거래 당국이 한국에 이어 전 세계 두 번째로 애플의 인앱결제 관행에 제동을 걸었다.

인도의 반독점규제 당국인 경쟁위원회 역시 2022년 1월 애플이 인도의 반독점 금지법을 위반한 사실을 파악하고 조사에 나설 것을 명령했다. 미국 역시 연방 상하원에서 인앱결제 강제 금지법과 유사한 법안이 발의되고 있다.

한국은 세계 최초로 앱마켓 사업자의 갑질을 방지하는 법안을 통과시켰고, 이를 근거로 공정한 시장질서를 구축하기 위한 각종 조치가 시행되고 있다.

방송통신위원회는 최근 구글과 애플에 인앱결제 강제 등 부당위에 대한 시정 조치안을 통보했다. 구글과 애플이 인앱결제를 강제하며 공정한 앱마켓 경쟁을 저해한 중대한 위법으로 판단하여 구글과 애플은 각각 400억 원, 200억 원 이상 도합 최대 680억 원에 이르는 과징금을 부과받을 전망이다.

그러나 구글과 애플의 대응은 여전히 미온적이었다. 구글의 경우 정책을 바꾸었으나 법을 우회하는 방식으로 여전히 고율의 수수료를 수취하고 있으며, 애플의 경우 여전히 기존의 인앱결제 방식을 고수하고 있었다.

상황이 이렇기에 구글과 애플 두 독점사업자의 근본적인 개선을 이끌어내려면 단순히 한국에서만의 규제로 끝나서는 안 되었다. 여러 국가에서 동시에 규제가 실시되어야 통상문제로 논란이 변질되는 것을 막을 수 있었다. 특히 구글과 애플의 본사가 위치한 미국에서 인앱결제 강제와 수수료 30% 강제에 대한 독점적 사업자의 권한 남용을 규제해야 했다.

다행히 미국에서는 최근 인앱결제 강요 관련 소송 끝에 구글이 앱 개발사에게 각각 1억 달러와 9천만 달러를 배상하라는 판결이 나오기도 했다. 또한 미국 법무부가 구글을 상대로 반독점법 위반 소송을 제기한 상태이기 때문에 플랫폼 독과점 규제가 확산될 수 있을 것이라 기대된다.

인앱결제 이슈는 단순히 앱 생태계에 국한된 것이 아니라 앞으로 등장할 수많은 디지털 콘텐츠 산업의 잠재적인 성장성에 영향을 줄 수 있다. 영세 스타트업으로 시작하는 콘텐츠산업에 대해 획일적으로 30% 수수료를 강제한다면 시작 단계에서부터 큰 진입장벽으로 작용하기 때문이다. 필수재도 아닌 낯선 디지털 콘텐츠를 고액을 주고 구독하거나 이용할 소비자는 많지 않다.

많은 전 세계 소비자와 앱 개발자들과 함께 성장해온 앱마켓의 과실을 구글과 애플 두 회사가 독점하는 방식으로 결정되는 것보다는 콘텐츠 생산자와 플랫폼 사업자, 그리고 소비자가 서로 상생할 수 있도록 모바일 경제 시스템이 구축되어야 한다.

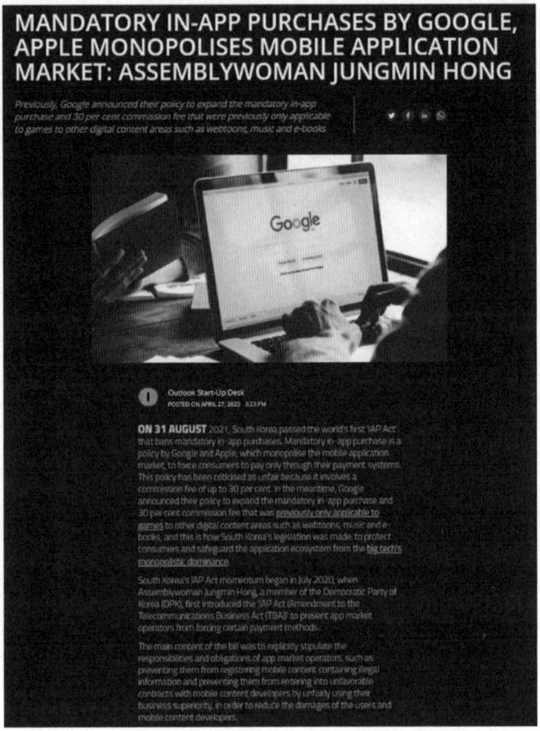

# MANDATORY IN-APP PURCHASES BY GOOGLE, APPLE MONOPOLISES MOBILE APPLICATION MARKET: ASSEMBLYWOMAN JUNGMIN HONG

*Previously, Google announced their policy to expand the mandatory in-app purchase and 30 per cent commission fee that were previously only applicable to games to other digital content areas such as webtoons, music and e-books*

Outlook Start-Up Desk
POSTED ON APRIL 27, 2023 3:23 PM

**ON 31 AUGUST** 2021, South Korea passed the world's first 'IAP Act' that bans mandatory in-app purchases. Mandatory in-app purchase is a policy by Google and Apple, which monopolise the mobile application market, to force consumers to pay only through their payment systems. This policy has been criticised as unfair because it involves a commission fee of up to 30 per cent. In the meantime, Google announced their policy to expand the mandatory in-app purchase and 30 per cent commission fee that was previously only applicable to games to other digital content areas such as webtoons, music and e-books, and this is how South Korea's legislation was made, to protect consumers and safeguard the application ecosystem from the big tech's monopolistic dominance.

South Korea's IAP Act momentum began in July 2020, when Assemblywoman Jungmin Hong, a member of the Democratic Party of Korea (DPK), first introduced the 'IAP Act (Amendment to the Telecommunications Business Act (TBA))' to prevent app market operators from forcing certain payment methods.

The main content of the bill was to explicitly stipulate the responsibilities and obligations of app market operators, such as preventing them from registering mobile content containing illegal information and preventing them from entering into unfavorable contracts with mobile content developers by unfairly using their business superiority, in order to reduce the damages of the users and mobile content developers.

인도 벤처 · 스타트업 전문매체 Outlook Startup[1] | 2023년 4월 27일

1 https://startup.outlookindia.com/analysis/mandatory-in-app-purchases-by-google-apple-monopolises-mobile-application-market-assemblywoman-jungmin-hong-news-8269

## 세계 최초로 통과된 인앱결제 강제 금지법

한국은 2021년 8월 31일 세계 최초로 인앱결제 강제 금지법을 통과시켰다. 인앱결제 강제란 모바일 애플리케이션 마켓을 사실상 독점하고 있는 구글과 애플이 소비자로 하여금 자사의 결제 서비스를 통해서만 결제를 할 수 있게 강제하는 정책이다. 이러한 정책은 결제에 동반되는 수수료가 약 30%에 달한다는 점에서 불공정하다는 비판을 받고 있었다. 이런 와중 종전 게임에만 적용되던 인앱결제 강제 및 수수료 30% 부과를 웹툰, 음악, 전자책 등 다른 디지털 콘텐츠 분야에도 적용한다는 구글의 정책 발표가 있었고, 한국의 입법은 이러한 빅테크의 독과점 횡포로부터 소비자를 보호하고 애플리케이션 생태계를 지키기 위해서 이루어졌다.

한국의 인앱결제 강제 금지법은 2020년 7월 홍정민 더불어민주당 의원이 처음으로 앱마켓 사업자의 특정 결제방식 강제를 막는 내용의 '인앱결제 강제 금지법(전기통신사업법 개정안)'을 처음으로 발의하면서 시작됐다.

법안의 주요 내용으로는 앱마켓 사업자에게 불법 정보가 포함된 모바일 콘텐츠를 등록하지 못하게 하고, 거래상의 지위를 부당하게 이용하여 모바일 콘텐츠 개발자로 하여금 불리한 계약을 체결하지 못하게 하는 등, 앱마켓 사업자의 책임과 의무를 명시적으로 규정하여 앱 마켓 이용자와 모바일 콘텐츠개발자의 피해를 줄이고자 하는 것이었다.

그러나 법안통과와 시행령 등 세부 규칙 마련에도 불구하고 앱마켓 사업자들의 대응은 미온적이었다. 구글의 경우 정책을 바꾸었으나 법을 우회하는 방식으로 여전히 고율의 수수료를 수취하고 있으며, 애플의 경우 여전히 그 전의 인앱결제 정책을 고수하고 있다. 이로 인해 소비자의 비용부담이 늘어난 것은 물론, 콘텐츠 생태계의 창작활동에도 큰 피해를 보고 있다.

인도 역시 한국과 비슷한 상황이다. 2023년 1월 발표된 인도 규제기관 Competition Commission of India (CCI)의 지침에 따르면 인도 소비자들은 2월부터 사용자 선택결제 옵션을 모든 앱과 게임에서 사용할 수 있게 되었다. 하지만 인도의 스타트업 협회인 Alliance of Digital India Foundation(ADIF)에 의하면 구글은 3자 결제에도 수수료를 기존의 30%에서 겨우 4%p만 감면함으로써 3자 결제에 필요한 제반 비용을 고려하면 사실상 외부 결제를 막고 있는 것으로 드러났다. ADIF는 인도 내 스타트업들이 공정한 환경에서 경쟁을 할 수 있도록 빅테크들의 불공정 행위에 맞서는 역할을 수행하고 있으며, CCI에 구글의 불공정한 인앱결제 강제 행위를 고발하는 데에도 큰 역할을 하였다.

애플리케이션이 시장의 건전한 발전을 위해 각 국가 정부가 마련한 규제에도 불구하고 편법적으로 법망을 피해 가는 사례가 한국은 물론 인도에서도 발생한 것이다. 그리고 이러한 사례는 다른 국가에서도 반복되어 나타날 가능성이 높다.

애플리케이션 시장은 전 세계의 개발자들이 콘텐츠를 만들고 전 세계의 소비자들이 소비하는 단일 거대 시장이다. 그리고 이 시장이 만들어지고 성장하기까지는 플랫폼 독점기업만 공헌한 것이 아니라 앱 개발자, 콘텐츠 창작자, 소비자의 참여가 결정적인 역할을 했다. 이러한 시장이 공정한 경쟁이 아닌 빅테크의 독과점으로 얼룩진다면 개발자들은 새로운 서비스를 출시할 경제적 원동력을 잃을 것이고, 소비자는 가계 부담에 휘청일 것이며, 핀테크와 같은 신산업은 도태할 것이다.

때문에 플랫폼 독점기업의 이익만이 아닌 애플리케이션 생태계의 활성화와 시장참여자 모두에게 기여에 대한 정당한 대가가 돌아가도록 만드는 공정한 제도가 필요하다. 그리고 이는 개별 국가가 아니라 여러 국가가 같이 힘을 합쳐서 실시해야 실질적으로 플랫폼 독점기업의 횡포를 막을 수 있다고 믿는다.

그래서 필자는 플랫폼 독점기업의 횡포에 저항하고 대안을 마련하려 하는 인도 ADIF의 활동을 적극적으로 지지하며, 미국의 Coalition of App Fairness (CAF) 등과 함께 플랫폼 독점기업의 횡포로부터 콘텐츠 생태계 및 소비자 보호라는 목표를 같이 달성하자는 국제적 협력의 목소리를 전한다.

4부

# 또 다른 희망, 스타트업

스타트업의 Foolish 찾기
스타트업 네트워킹 다시 활기 찾아야

유니콘은 가까이에 있다
SVB 파산 대비책, 모태펀드 추가 편성이 해법

한국의 CVC는 모험을 할 수 없다
기업형 벤처캐피털이 이름값하려면

| 네트워킹 |

# 스타트업의 Foolish 찾기

스타트업이 무엇이고 어떤 형태로 이루어져 있는지 묻는다면 제대로 대답하는 사람이 과연 얼마나 있을까. 미국 실리콘밸리에서부터 시작된 스타트업이 본격적으로 국내 시장에 자리 잡은 지 수년이 흘렀지만, 스타트업 경영을 경험해보지 않은 일반 사람들에게는 조금 멀게 느껴지는 분야일 수 있다. '스타트업 네트워킹 다시 활기 찾아야'라는 기고문 제목을 달면서도 '스타트업'과 '네트워킹'이라는 표현을 연결 지을 수 있는지 의문을 가지지 않을까 하는 생각이 들었다.

스타트업 투자 이론 중에서도 가장 중요한 요소 중 하나인 자본조달에 관해 이야기해보자. 여기서는 스타트업에 투자하는 투자자들을 'FFF'라고 표현한다. 여기서 F는 영어 단어 세 개의 머리글자인데 각각 Foolish(바보), Friend(친구), Father(아버지) and mother(어머니)를 칭한다. 어떤 이론서에서는 순화된 표현으로 Founder(설립자), Friend, Family(가족)라고 표현하기도 한다.

여기서 주목할 만한 부분은 첫 번째 단어로 투자자를 굳이 '바보'라는 의미인 foolish라고 표현한 점이다. 그럴 만한 이유가 있다. 그만큼 스타트업은 투자한 만큼 성공할 가능성이 적다는 것이며 손해 보는 장사가 될 공산이 크다는 의미다. 그런데 우리가 접하는 다양한 성공적인 스타트업 성공 사례를 보면 스타트업 투자는 투자비의 수천 배 이상 수익을 내는 것으로 많이 알려져 있다. 하지만 아직 시장으로부터 제대로 평가받지 못한 수많은 기업 중에서 옥석을 가려내는 것은 경험 많은 투자자라고 하더라도 매우 어려운 일이다.

스타트업 네트워킹은 바로 이 부분에서 힘을 발휘해야 한다. 투자자를 바보라고 표현할 만큼 투자가 어려운 스타트업의 자본 조달 시장에서 스타트업이 투자자들을 만날 수 있는 가장 쉬운 방법이 스타트업 네트워킹이다. 이를 위해 여러 활발한 활동이 이루어졌는데 그중 대표적인 것이 스타트업과 투자자들이 참여하는 행사를 개최하는 일이었다. 이를 통해 스타트업은 자신의 제품이나 서비스를 시장에 소개할 기회를 얻음과 동시에 현장에서 투자자를 유치하기도 하고 어떨 때는 자사 제품의 한계와 보완점을 발견하기도 한다.

스타트업 네트워킹의 효과는 다양한 방면에서 발현된다. 스타트업 회사는 비단 투자받는 목적만 있는 게 아니라 여러 신기술을 접하고 접목시키는 기회로 활용한다. 게다가 스타트업은 능력 있는 개발자를 찾길 원하지만 한 자리에서 만날 기회가 적다. 반대로 신기술을 바탕으로 새로운 도전을 하고자 하는 유능한 인재들도 개별 스타트업을 하나하나 찾아다니면서 기업을 물색하기란 쉽지 않다. 이들이 서로 만날 수 있는 만남의 장이 스타트업 네트워킹을 통해서 이루어진다. 나아가 스타트업 간 기술 제휴 및 인수합병을 통해 기술적인 확장을 실현해 내기도 한다.

스타트업 네트워킹으로 성공적인 결과를 얻은 실제 사례를 소개해보겠다. 재활용 쓰레기 분류 작업을 로봇이 대신 수행하는 기술을 보유한 스타트업 기업의 이야기다. 해당 기업의 제품은

분리수거가 필요한 쓰레기 중 알루미늄 캔, 스틸 캔, 맥주병, 와인병 등을 자동으로 구분하고 분류해서 필요하면 압착 작업까지도 수행하는 혁신적인 장치였다. 다만 한 가지 아쉬운 부분이 있었는데, 새로운 제품의 캔 또는 병 디자인이 만들어지면 그 새로운 제품을 인식할 수 있도록 장치를 업데이트하는 것이 번거로웠다는 점이다. 해당 스타트업 대표는 스타트업 네트워킹 행사에서 운명처럼 AI 기술자를 만났다. 이후 일사천리로 채용이 성사되면서 AI 학습을 통한 신규 재활용 쓰레기 인식 기술을 내재화까지 해버린 사례를 본 적이 있다.

위 사례는 정말 놀라웠다. 해당 스타트업 대표는 네트워킹 행사에 참여할 때 AI 기술 적용 방법을 찾겠다는 목표나 사람을 채용하겠다는 구체적인 과제가 있었던 것은 아니었기 때문이다. 해당 개발자가 다른 회사의 기술 설명 발표에서 질문하는 모습을 보고 있다가 우연히 AI 접목에 대한 아이디어가 떠올라서 바로 그 기술자를 채용하게 되었고, 결국 회사 기술의 진일보를 달성해낸 것이다. 스타트업의 의사결정이 얼마나 빠르게 일어나는지 혁신은 어떻게 일어나는지 그 과정을 직접 지켜본 경험이었다.

이렇듯 스타트업 네트워킹을 경험해본 사람이라면 여러 참여자를 한꺼번에 만나면서 서로를 빠르게 판단하며 신속하게 의사결정을 해본 적이 있을 것이다. 어떻게 보면 경쟁하고 서로 탐색하는 냉혹하고 삭막한 정글과 같은 모습이 연상될지도 모르겠다. 하지만 대기업과 비교하자면 자금, 기술 등 많은 부분이 부족한 스타트업의 최대 장점인 '빠르고 효율적인 의사결정'이 발생하도록 이끌고 있는 것은 분명했다.

인생은 연습이 없다는 말이 있듯이, 스타트업 경영도 연습이 없다. 스타트업을 한다는 건 정글에서 맨몸으로 살아남는 것과도 같다. 빠르고 치열한 시장(market)에서 자신의 판단을 믿고 실행하며 생존해야 하는 기업가 정신이 필요하다. 그리고 이렇게 생존을 위한 몸부림을 하는 과정에서 '우연한 도움'을 얻을 수 있는 가장 좋은 기회 중 하나가 '네트워킹'이다.

스타트업 네트워킹은 앞서 설명한 투자 유치와 신규 기술의 적용뿐만 아니라 마케팅, 보안, 경영 자문, 전략적 제휴, 인수합병 등 스타트업이 필요한 모든 요소에 관한 정보를 얻을 수 있는 효과적인 창구였다. 그래서 스타트업 네트워킹 행사를 '초기 스타트업 성장의 요람'이라고 표현한다.

기고문을 올렸던 2022년 4월 당시 여전히 코로나19의 여파가 미치던 시기였다. 주로 오프라인 미팅으로 이루어지던 네트워킹 행사가 상당히 위축된 상황이었다. 그리고 엔데믹에 대한 기대가 거론되던 시기기도 했다.

1년 반 이상이 지난 지금 국내 스타트업 네트워킹 개최 건수는 2023년 8월 80건, 9월 101건으로 코로나19 직격탄을 맞았던 2020년 4월 2건, 5월 5건에 비하면 정상 수준으로 회복되었다. 한편으로는 다행이지만 좀 더 들여다보니 해외 AI 스타트업에 자금이 몰리고 있었다. 국내 스타트업은 투자 가뭄이 우려되는 상황이었다.

현존하는 대기업이 우리나라 현재 경제 상황에 도움이 된다면, 현존하는 스타트업은 우리나라 미래 먹거리와 관련이 있다. 다시 활성화된 스타트업 네트워킹을 통해 우리나라 스타트업도 해외 스타트업 대비 경쟁력을 회복할 수 있기를 기대한다.

전자신문

# 스타트업 네트워킹 다시 활기 찾아야

ET 시론

홍정민
더불어민주당 의원
waytohong@naver.com

**코로나19로 만남 자체 줄어 아이디어 교류 등 혁신 정체**

**작년 벤처투자 신기록 썼지만 업력 3~7년차 기업에 집중 초기 스타트업 설자리 줄어**

**엔데믹 맞아 행사 재개 기대 국회와 정부 정책지원 바탕 한국경제 역동성 회복 희망**

지난 2년 동안 길고 길었던 코로나19 기세가 이달 초 정점을 찍은 후 한풀 꺾이면서 엔데믹 순간이 눈앞에 다가오고 있다. 국회는 그동안 소상공인과 자영업자의 어려움을 덜어 주기 위해 노력했지만 항상 부족한 점이 많았다. 코로나 이전의 일상이 조금씩 돌아오고 있지만 소상공인의 어려움으로 송구스러운 마음도 여전하다.

코로나로 인한 어려움은 소상공인을 넘어 중소·벤처 기업에도 영향을 미쳤다. 특히 초기 스타트업에 불어닥친 위기는 소상공인이 겪은 어려움과 크게 다르지 않았다. 코로나 기간 내내 초기 스타트업 성장의 요람이라 할 수 있는 네트워킹 행사가 제대로 열리지 못했다. 당장 사업과 아이디어를 알리고 업계 정보를 얻을 수 있던 기회가 사라진 셈이다.

네트워킹 행사는 당장 그 자리에서 가시적인 성과가 나오는 수출박람회 같은 자리와는 성격이 다르다. 매출과 직접적 연관은 없지만 배경이 다양한 인재가 한 장소에 모여 교류하며 스타트업의 근간이라 할 수 있는 '혁신'을 만들어 간다. 혁신은 어떤 천재의 번뜩이는 영감일 수도 있지만 대다수가 여러 사람의 아이디어가 서로 거칠게 부대끼고 교류하며 가다듬어지는 과정에서 만들어지기 때문이다.

네트워킹 행사는 주로 사업 아이템을 홍보하는 스타트업 임직원의 열띤 발표로 시작된다. 이에 사업성을 묻는 투자자의 날카로운 지적도 이어진다. 인공지능(AI)·메타버스 등 신기술이나 주요 국가들의 현황에 관한 저명인사의 강연 역시 빠지지 않는다. 마지막 하이라이트는 예비 창업자, 학생을 비롯한 모든 참석자가 소통하는 교류의 시간이다. 참석자 사이에 사업 관련 교류가 이뤄지는 것은 다반사다. 산업 분야별 관련 학과 교수와 창업자가 만나 지도학생의 스타트업 체험 기회를 요청하는 광경도 심심치 않게 볼 수 있다.

네트워킹의 중요성은 미국 실리콘밸리 사례가 잘 보여 준다. 살인적인 집값과 교통난에도 전 세계 유수 기업과 스타트업은 경쟁적으로 실리콘밸리에 모여들고 있다. 교류 공간 안에서 혁신이라는 가치를 찾아내기 위함이다. 코로나 기간에 비대면 회의와 같은 새로운 문화가 정착되기도 했지만 기술이 아무리 발전하더라도 비대면 방식으로는 현장에서 이루어지는 동시다발적이고 깊숙한 소통을 대체하기 어렵다.

실리콘밸리에서는 코로나로 어려움을 겪는 와중에도 네트워킹 행사가 끊기지 않고 개최됐다. '이벤트브라이트'(EVENTBRITE) 사이트에서 '스타트업'을 키워드로 하는 샌프란시스코 지역 행사를 검색해 본 결과 이번 달에만 1200여개 행사가 잡혀 있었다. 그만큼 실리콘밸리 기업은 네트워킹을 중요하게 생각하고 있는 셈이다.

그에 비하면 지난 2년간 우리나라의 현실은 암울하다. 사회적 거리두기로 인해 스타트업 네트워킹 행사는 거의 열리지 못했고, 그나마 어렵게 잡혀 있던 행사도 줄줄이 취소되기 일쑤였다. 그나마 개최된 행사들은 일부 소수 인원으로만 출입이 엄격히 통제되거나 비대면으로 진행됐다.

각종 이벤트와 행사 모임을 공지하는 국내 사이트를 대상으로 2020년 1월부터 올해 4월까지 현황을 직접 확인해 봤다. 해당 기간에 스타트업 임직원, 변호사, 투자자, 창업 희망자, 학생 등이 참여하고 교류하는 성격의 행사는 코로나19 상황에 따라 네트워킹 행사 횟수가 늘어나거나 줄어들었다는 점을 확인할 수 있다.

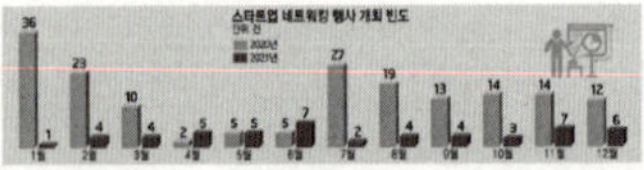


2020년 1월에는 36건, 2월에는 23건의 행사가 열리다가 3월부터 10건으로 절반 이상 네트워킹 행사가 줄었다. 전 세계적으로 코로나 위기감이 고조됐던 2020년 4월에는 2건, 5월에는 5건으로 급감했다.

그해 여름이 되자 코로나 확진세가 진정돼 다시 27건까지 늘어났지만 겨울에 다시 찾아온 코로나 유행이 델타 변이, 오미크론 변이 등으로 진정되지 않자 올해 4월까지 네트워킹 행사는 거의 없다시피 했다. 그나마 지난 2년간의 어려운 상황에서도 강력한 스타트업 육성정책으로 여러 스타트업이 스케일업에 성공할 수 있었던 점은 다행이다.

2021년 벤처투자액은 7조6802억원으로 역대 최고액을 기록했다. 이는 종전 최대 실적인 2020년의 4조3045억원에서 무려 78.4%나 늘어난 것이다. 이는 대한민국 경제가 위기 상황에서도 얼마나 역동성을 유지하고 성장 의지를 갖추고 있는지를 보여 주는 수치다.

벤처투자 규모만큼이나 혁신성장의 결과를 가져왔고, 양질의 일자리가 창출됐다. 2030세대, MZ세대로 불리는 청년들이 취업을 원하는 정보기술(IT) 기업을 일컬어 일명 '네카라쿠배'(네이버, 카카오, 라인플러스, 쿠팡, 배달의민족)라고 칭하는 것이 유행하기도 했다. 불과 2년 사이에 크래프톤, 당근마켓과 토스, 직방도 '네카라쿠배'에 추가해야 한다는 말이 나올 정도로 국내 스타트업의 성장세는 가팔랐다. 하지만 지난 2년간 대부분의 투자 실적은 업력 3~7년의 중소기업에 집중됐다는 단면도 있다. 업력 3~7년의 스케일업 투자금액은 2020년 대비 1조7546억원이나 증가했지만 업력 3년 미만의 초기 스타트업을 대상으로 한 투자 증가는 이에 미치지 못했다. 여러모로 부족한 점이 있고 협업이 필요한 초기 스타트업에 네트워킹 행사 부재는 상당한 악재로 작용했을 것으로 사료된다.

이 때문에 코로나 엔데믹이 다가오는 지금 초기 스타트업이 다시 도약할 기회가 왔다고 생각한다. 지난 2년은 변변한 네트워킹 행사가 열리지 못한 만큼 스타트업도 투자자도 아쉬움이 많았던 기간일 것이다. 그만큼 관련 전문가들과 예비 창업자도 앞으로 활기를 되찾을 네트워킹 행사에서의 소통과 교류에 더욱 열심히 임할 것이다. 대한민국 스타트업 관계자들이 행사 때마다 북새통을 이룰 광경이 기대된다. 필자도 국회 산업통상자원중소벤처기업위원회 위원으로서 스타트업 성장과 발전을 위해 최선을 다할 것을 다시 한번 다짐한다.

홍정민 의원은… 서울대 경제학 학사부터 박사과정까지 수료한 경제전문가다. 현재 국회 산업통상자원중소벤처기업위원회에 소속돼 있다. 삼성경제 수석연구원과 로스토리 주식회사 대표로 활동해 왔다. 21대 총선에서 경기 고양시병에 출마해 당선, 국회에 입성했다. 변호사, 경제학박사, 융복합 금융전문가, 벤처 CEO라는 다양한 이력을 쌓았다. 당내에서는 정책위원회 부의장, 원내대변인 등을 지냈다.

전자신문 ET 시론 | 2022년 4월 27일 29면

## 스타트업 네트워킹 다시 활기 찾아야

지난 2년 동안 길고 길었던 코로나19 기세가 이달 초 정점을 찍은 후 한풀 꺾이면서 엔데믹 순간이 눈앞에 다가오고 있다. 국회는 그동안 소상공인과 자영업자의 어려움을 덜어 주기 위해 노력했지만 항상 부족한 점이 많았다. 코로나 이전의 일상이 조금씩 돌아오고 있지만 소상공인의 어려움으로 송구스러운 마음도 여전하다.

코로나로 인한 어려움은 소상공인을 넘어 중소 · 벤처 기업에도 영향을 미쳤다. 특히 초기 스타트업에 들이닥친 위기는 소상공인이 겪은 어려움과 크게 다르지 않았다. 코로나 기간 내내 초기 스타트업 성장의 요람이라 할 수 있는 네트워킹 행사가 제대로 열리지 못했다. 당장 사업과 아이디어를 알리고 업계 정보를 얻을 수 있던 기회가 사라진 셈이다.

네트워킹 행사는 당장 그 자리에서 가시적인 성과가 나오는 수출박람회 같은 자리와는 성격이 다르다. 매출과 직접적 연관은 없지만 배경이 다양한 인재가 한 장소에 모여 교류하며 스타트업의 근간이라 할 수 있는 '혁신'을 만들어간다. 혁신은 어떤 천재의 번뜩이는 영감일 수도 있지만 대다수가 여러 사람의 아이디어가 서로 거칠게 부대끼고 교류하며 가다듬어지는 과정에서 만들어지기 때문이다.

네트워킹 행사는 주로 사업 아이템을 홍보하는 스타트업 임직원의 열띤 발표로 시작된다. 이에 사업성을 묻는 투자자의 날카로운 지적도 이어진다. 인공지능(AI) · 메타버스 등 신기술이나 주요 국가들의 현황에 관한 저명인사의 강연 역시 빠지지 않는다. 마지막 하이라이트는 예비 창업자, 학생을 비롯한 모든 참석자가 소통하는 교류의 시간이다. 참석자 사이에 사업 관련 교류가 이뤄지는 것은 다반사다. 산업 분야별 관련 학과 교수와 창업자가 만나 지도 학생의 스타트업 체험 기회를 요청하는 광경도 심심치 않게 볼 수 있다.

네트워킹의 중요성은 미국 실리콘밸리 사례가 잘 보여준다.

살인적인 집값과 교통난에도 전 세계 유수 기업과 스타트업은 경쟁적으로 실리콘밸리에 모여들고 있다. 교류 공간 안에서 혁신이라는 가치를 찾아내기 위함이다. 코로나 기간에 비대면 회의와 같은 새로운 문화가 정착되기도 했지만 기술이 아무리 발전하더라도 비대면 방식으로는 현장에서 이루어지는 동시다발적이고 깊숙한 소통을 대체하기 어렵다.

실리콘밸리에서는 코로나로 어려움을 겪는 와중에도 네트워킹 행사가 끊기지 않고 개최됐다. '이벤트브라이트'(EVENTBRITE) 사이트에서 '스타트업'을 키워드로 하는 샌프란시스코 지역 행사를 검색해 본 결과 이번 달에만 1,200여 개 행사가 잡혀 있었다. 그만큼 실리콘밸리 기업은 네트워킹을 중요하게 생각하고 있는 셈이다.

그에 비하면 지난 2년간 우리나라의 현실은 암울하다. 사회적 거리두기로 인해 스타트업 네트워킹 행사는 거의 열리지 못했고, 그나마 이미 잡혀 있던 행사도 줄줄이 취소되기 일쑤였다. 그나마 개최된 행사들은 일부 소수 인원으로만 출입이 엄격히 통제되거나 비대면으로 진행됐다.

각종 이벤트와 행사 모임을 공지하는 국내 사이트를 대상으로 2020년 1월부터 올해 4월까지 현황을 직접 확인해 봤다. 해당 기간에 스타트업 임직원, 멘토, 투자자, 창업 희망자, 학생 등이 참여하고 교류하는 성격의 행사는 코로나19 상황에 따라 네트워킹 행사 횟수가 늘어나거나 줄어들었다는 점을 확인할 수 있다.

2020년 1월에는 36건, 2월에는 23건의 행사가 열리다가 3월부터 10건으로 절반 이상 네트워킹 행사가 줄었다. 전 세계적으로 코로나 위기감이 고조됐던 2020년 4월에는 2건, 5월에는 5건으로 급감했다.

그해 여름이 되자 코로나 확진세가 진정돼 다시 27건까지 늘어났지만 겨울에 다시 찾아온 코로나 유행이 델타 변이, 오미크론 변이 등으로 진정되지 않자 올해 4월까지 네트워킹 행사는 거의 없다시피 했다. 그나마 지난 2년간의 어려운 상황에서도 강력한 스타트업 육성정책으로 여러 스타트업이 스케일업에 성공할 수 있었던 점은 다행이다.

2021년 벤처투자액은 7조 6,802억 원으로 역대 최고액을 기록했다. 이는 종전 최대 실적인 2020년의 4조 3,045억 원에서 무려 78.4%나 늘어난 것이다. 이는 대한민국 경제가 위기 상황에서도 얼마나 역동성을 유지하고 성장 의지를 갖추고 있는지를 보여주는 수치다.

벤처투자 규모만큼이나 혁신성장의 결과를 가져왔고, 양질의 일자리가 창출됐다. 2030세대, MZ세대로 불리는 청년들이 취업을 원하는 정보기술(IT)기업을 일컬어 일명 '네카라쿠배(네이버, 카카오, 라인플러스, 쿠팡, 배달의민족)'라고 칭하는 것이 유행하기도 했다. 불과 2년 사이에 크래프톤, 당근마켓과 토스, 직방도 '네카라쿠배'에 추가해야 한다는 말이 나올 정도로 국내 스타트업의 성장세는 가팔랐다. 하지만 지난 2년간 대부분의 투자 실적은 업력 3~7년의 중소기업에 집중됐다는 단면도 있다. 업력 3~7년의 스케일업 투자금액은 2020년 대비 1조 7,546억 원이나 증가했지만 업력 3년 미만의 초기 스타트업을 대상으로 한 투자 증가는 이에 미치지 못했다. 여러모로 부족한 점이 있고 협업이 필요한 초기 스타트업에 네트워킹 행사 부재는 상당한 악재로 작용했을 것으로 사료된다.

이 때문에 코로나 엔데믹이 다가오는 지금 초기 스타트업이 다시 도약할 기회가 왔다고 생각한다. 지난 2년은 변변한 네트워킹 행사가 열리지 못한 만큼 스타트업도 투자자도 아쉬움이 많았던 기간일 것이다. 그만큼 관련 전문가들과 예비 창업자도 앞으로 활기를 되찾을 네트워킹 행사에서의 소통과 교류에 더욱 열심히 임할 것이다. 대한민국 스타트업 관계자들이 행사 때마다 북새통을 이룰 광경이 기대된다. 필자도 국회 산업통상자원중소벤처기업위원회 위원으로서 스타트업 성장과 발전을 위해 최선을 다할 것을 다시 한번 다짐한다.

| 투자·육성 |

# 유니콘은 가까이에 있다

"대학생 용남은 직방 어플을 통해 첫 자취 집을 구했다. 그는 당근마켓으로 자취생 필수품인 에어프라이어를 사기로 한다. 판매자와 만난 용남은 물건값 3만 원을 현금으로 건네는 대신, TOSS 앱을 열어 그 자리에서 10초 만에 돈을 입금한다. 집에 돌아와 구입한 에어프라이어로 돌려본 감자튀김이 꽤나 그럴싸하다."

직　　방 : 아파트, 원룸, 오피스텔 등 부동산 거래 플랫폼

당 근 마 켓 : 중고거래 및 동네 정보 제공 앱

TOSS(토스) : 간편 송금을 주 기능으로 하는 비바리퍼블리카의 종합 금융플랫폼

"친구인 소영과 윤주는 제주 여행을 가기로 한다. 둘은 여행 중 묵을 숙소를 예약하기 위해 야놀자 앱을 열어 요즘 핫한 제주 지역 호텔을 이리저리 비교해본다. 자차가 없는 이들은 여행 중 이용할 차량도 쏘카를 통해 6시간만 빌리기로 한다. 성공적인 여행을 즐긴 이들은 함덕해변에서 찍은 인생샷을 인스타그램에 업로드했다."

야놀자 : 국내 및 해외 숙박, 레저 예약 등 여가 서비스 업체

쏘 카 : 한국 최대 규모의 차량 공유 서비스 업체

"직장에서 하루 종일 상사에게 시달린 사회초년생 소정은 퇴근 후 집에 돌아와 스트레스를 풀기 위해 충동구매를 하기로 한다. 당장 무신사 장바구니에 담아놨던 블라우스를 구입하고, 내일 아침에 먹을 그릭요거트와 그래놀라도 컬리로 주문했다. 다음날 오전 6시, 현관문 앞에 컬리에서 온 택배박스가 도착했다."

무신사 : 온라인 편집숍

컬리 : 온라인 신선식품 배송 업체

이처럼 우리의 일상은 쉬워지고 빨라지고 있다. 그 배경에는 스마트폰에 깔린 다양한 플랫폼들이 있다. 나 역시도 이동 중에 리디를 통해 전자책을 읽고, 우리 아이들도 배달의민족을 이용해 마라탕을 배달시키곤 한다. 손가락 하나로 모든 게 일어나는 세상 편리한 시대가 아닐 수 없다.

리디(리디북스) : 도서, 웹소설, 웹툰 등을 서비스하는 콘텐츠 플랫폼
배 달 의 민 족 : 우아한형제들이 개발한 대표적인 배달 앱

당근마켓, 비바리퍼블리카(토스), 야놀자, 쏘카, 무신사, 컬리, 리디, 우아한형제들(배달의민족) 등 우리 일상에 깊숙이 배인 이 회사들은 하나의 공통점을 가졌다. 이들 기업은 바로 대한민국이 배출한 '유니콘 기업'이라는 것이다.

유니콘은 뿔이 하나 달린 상상의 동물이다. 근래에 유니콘이라는 말은 주로 기업가치가 10억 달러(약 1조 원) 이상인 비상장 스타트업을 뜻한다. 스타트업이 상장도 하기 전에 기업가치가 1조 원을 넘는다는 것은 마치 상상 속 유니콘과 같이 희귀하다는 의미다. 물론 이제는 유니콘이 더 이상 신기한 존재는 아니다. 유

니콘을 넘어 데카콘(기업가치가 유니콘의 10배 이상), 헥토콘(기업가치가 유니콘 100배 이상) 기업의 배출을 꿈꾸는 시대가 되었다.

2023년 상반기 기준 우리나라의 유니콘 기업 수는 총 22개로, 전 세계 유니콘 기업 보유 순위 10위를 기록했다. 미국 625개, 중국 312개, 인도 68개, 영국 48개 등 주요 선진국과 비교해보면 확연히 뒤처지는 수준이다.

우리나라에서 새로운 유니콘 등장이 지지부진하다 보니, 세계 유니콘 기업 가운데 한국 유니콘이 차지하고 있는 비중 역시 최근 4년 만에 반토막이 났다. 우리나라의 글로벌 유니콘 비중은 2019년 2.2%에서 2023년 6월 1.2%로 1% 포인트 하락했다. 유니콘 배출도 어려운데 데카콘, 헥토콘 기업의 탄생은 더더욱 상상 속의 일이 되어버렸다.

세계 각국은 4차 산업혁명을 선도하기 위해 혁신적인 스타트업을 발굴하고 육성하는 데 앞다투어 총력을 기울였다. 벤처·스타트업 주무 부처인 우리나라 중소벤처기업부만 해도 k-유니콘 배출을 위한 각종 정책을 쏟아냈고, 프랑스 마크롱 대통령도

'프랑스 2030 계획'을 발표하며 2030년까지 유니콘 100곳을 육성하겠다고 선언했다. 심지어 영국 총리는 영국의 영어 명칭인 UK(United Kingdom)를 'Unicorn' Kingdom으로 부른단다.

그렇다면 우리나라를 비롯한 전 세계는 왜 유니콘 배출에 혈안일까.

글로벌 저성장 국면이 지속되면서 대기업 중심의 경제성장 동력이 둔화됨에 따라 각국 경제도 점차 위기에 봉착하고 있기 때문이다. 결국 위기를 극복하기 위한 새로운 고용창출과 경제성장의 핵심동력으로서 혁신 창업의 중요성이 더욱 강조되고 있다. 이에 세계적으로 유니콘 기업은 혁신 창업의 성공 사례이자 국가의 기술력과 혁신 역량을 가늠하는 지표가 됐다.

부모가 자식에게 좋은 것을 먹이고, 입히고, 공부시켜야 좋은 인재로 성장하듯 잘 키운 스타트업 하나가 유니콘 기업을 배출하고 국가 경쟁력을 좌우하는 시대가 됐다.

그런데, 투자가 곧 생존인 스타트업 업계에 최근 돈이 돌지 않기 시작했다. 투자 생태계가 그야말로 얼어붙었다.

중소벤처기업부 발표 자료에 따르면 2022년 벤처투자 금액은 6조 7,640억 원으로, 2021년 7조 6,802억 원에 비해 11.9% 감소했다. 분기별로 보면 2022년 3분기와 4분기는 전년 동기 대비 각각 38.6%, 43.9% 감소했다.

스타트업 생태계 민간 지원기관인 스타트업얼라이언스가 자체 조사한 투자 동향 자료도 살펴보면, 올해 2023년 상반기 스타트업에 대한 투자 건수는 584건, 투자 금액은 2조 3,226억 원으로 집계됐다. 전년 상반기 투자 건수는 998건, 투자 금액이 7조 3,199억 원이었으니 각각 41.5%, 68.3% 급감한 것이다.

또, 지난해 성장성을 높게 평가받아 투자를 유치했던 기업들이 잇따라 후속 투자 유치에 실패하면서 구조조정 바람이 불고 있고 투자 유치를 기다리는 기업도 시름이 깊어지는 모습이다.

엎친 데 덮친 격으로 지난 2023년 3월 10일, 미국 은행 규모 16위인 실리콘밸리 은행(Silicon Valley Bank, SVB)이 파산했다. 그

MARKET
Kurly
당근마켓
요기요

것도 뱅크런 사태가 시작된 지 단 이틀 만에 말이다.

그나마 다행이었던 것은 우리나라는 SVB에 자금을 예치하거나 투자한 국내 업체가 드물어 직접적인 영향은 없는 것으로 나타났다. 그러나 이번 사태는 가뜩이나 얼어붙은 한국 벤처투자 생태계에 투자심리 위축을 가져왔고, 정부가 추진하고 있는 다양한 벤처투자육성 정책에도 제동이 걸릴 정도로 벤처시장에 영향이 컸다.

당시 언론에 따르면 업계 관계자들은 "벤처, 스타트업에 특화된 은행이 파산해버리면서 가뜩이나 투자시장이 어려운데 심리적 위축이 올 수밖에 없다", "한국에만 있는 스타트업이라도 글로벌 VC들이 많이 들어와 있기 때문에 우려된다"라고 말했다.

SVB 파산으로 투자위축과 자금경색이 더 가속화될 것이라는 전망하에 벤처 · 스타트 업계의 유동성 공급을 위해 정부가 적극 나서야 한다는 목소리들이 산업통상자원중소벤처기업위원인 나에게 전해졌다.

유정희 벤처기업협회 혁신정책본부장은 "업계에서 끊임없이 모태펀드를 확대해야 한다고 이야기 해왔다"며 "투자시장이 위축될수록 모태펀드 확대를 통해 벤처투자 시장에 긍정적인 시그널을 줘야 한다"고 말했다.

최성진 코리아스타트업포럼 대표도 "글로벌 경제 환경, 고금리 등으로 자금조달에 있어서 리스크가 커지고 있다"며 "업계 내부에서 해결되지 않는 거시적인 외부 요인에 대해 정부의 정책적 대응이 필요하다"고 했다. 특히 "시장에서 중요한 것은 시그널인데 정부가 스타트업에 대한 신규 출자를 줄이면서 (시장을) 부정적으로 보고 있는 게 아닌가 하는 시그널을 주고 있다"고 걱정했다.

세계적인 벤처투자 위축 흐름 속에서 한국만 이를 넘어서기는 쉽지 않다. 그러나 모태펀드[10]라는 한국만의 특징적인 제도가 있는 만큼 충격을 최소화할 수는 있다. 정부 예산이 투입되지만 회

10 정부재정으로 결성하여 벤처펀드에 출자하는 모(母)펀드의 개념이다. 민간 벤처캐피탈이 운용하는 자(子)펀드에 출자하게 되면 자펀드는 민간자금을 유치하여 벤처펀드를 조성하고 유망한 창업 · 벤처기업에 투자한다.

수되는 재원이므로 소멸하는 것도 아니다. 투자와 회수 과정에서 고용 창출, 생산 확대 등 국가 경제에도 분명 도움이 된다.

그러나 안타까운 것은 올해 2023년 정부의 모태펀드 출자 예산이 큰 폭으로 감소했다는 점이다. 민간 출자 마중물이 될 모태펀드 예산이 감소한 것은 가뜩이나 부정적인 시장에 왜곡된 신호를 보낼 수 있다.

지난해 말 산자중기위 예산심사 당시 중기부에서는 모태펀드 예산이 감소하더라도 회수예산을 활용하므로 보완이 가능하다고 했지만, 올해 모태펀드 2차 정시 출자에서 확인된 회수예산은 3,505억 원으로 2022년 5,628억 원에 비해 2,123억 원이나 감소했다. 2023년 모태펀드 예산 3,135억 원과 2022년 모태펀드 예산 5,200억 원까지 감안하면 1년 사이 4,188억 원이나 줄어든 것이다. 그나마 2021년 회수예산 2,555억 원에 비해서는 약 1천억 원 많지만 2021년에는 모태펀드 예산만 8천억 원이었다.

올해도 나는 SVB 사태의 여파가 어디까지 미칠지 모르는 상황에서 국내 스타트업을 위한 신속한 조치는 추경 등을 통한 모태펀드 예산 확충밖에 없다고 계속해서 목소리를 냈다. 그래야 어려움에 빠진 스타트업 업계가 투자 혹한기를 버티고, SVB 파산 사태로 인한 피해를 예방할 수 있기 때문이다.

중기부 장관에게 스타트업 생태계가 무너지지 않으려면 올해 삭감된 모태펀드 예산을 복원하여 벤처투자 시장에 긍정적 신호를 보내야 함을 주장했다. 이와 함께 투자 한파 속 정책금융의 필요성도 강조했다.

2023년 1월에는 모태펀드 예산 삭감에 따른 투자시장 위축 대안으로 민간벤처투자모태조합을 조성하는 내용의 「벤처투자 촉진에 관한 법률 일부개정법률안」을 대표발의하기도 했다. 벤처 · 스타트업에 민간투자자금이 충분히 유입되게 하려는 취지였다.

지난 8월, 단비 같은 소식이 전해졌다. 중기부가 내년도 2024년 모태조합 출자예산을 올해보다 44.8% 늘어난 4,540억 원을 편성한다고 발표했다.

결과적으로는 2022년도 모태펀드 예산 5,200억 원에 못 미치는 수준이지만, 그래도 올해보다 대폭 확대한다니 기쁜 소식이 아닐 수 없다. 그동안 법안이며, 현안질의며, 간담회며, 기고문이며 모태펀드 예산을 늘려야 한다고 했던 주장들이 혼자만의 소리 없는 아우성에 그치지 않아서 다행이다.

4년 전 정치에 입문할 당시 스타트업이 성장할 수 있는 인프라를 만들겠다고 했다. 미약하나마 그 약속이 지켜질 수 있었다.

오늘도 많은 스타트업이 생존과 도약을 위한 투자를 받기 위해 열심히 뛰고 있다. 특히 생존을 목적으로 투자를 받기 위해 하루하루 절박한 심정으로 개인 투자자와 벤처 캐피탈의 문을 끊임없이 두드린다. 기술력과 성장성이 있는 벤처 스타트업이 자금경색에 걸려 진퇴양난에 빠져서는 안 된다.

신생 스타트업이 유니콘으로 성장하기 위해서는 정부와 국회의 적극적인 관심과 역할이 필요하다. 과감한 투자와 정책 지원, 규제 완화 등 수많은 과제가 우리 앞에 놓였다. 유니콘 성장의 길에 적어도 걸림돌은 되지 않게 지혜를 모아야 할 것이다.

전자신문

# SVB 파산 대비책, 모태펀드 추가 편성이 해법

ET시론

홍정민
더불어민주당 의원
wayfchong@naver.com

**세계 경기침체로 투자심리 위축**
**성장기 스타트업 돈 줄 말라붙어**
**대형-신생 VC간 양극화도 심화**

**업계, 모태펀드 예산 확충 목소리**
**최소 2065억원 규모 추경 편성해**
**SVB 파산 후폭풍 미리 대비해야**

실리콘밸리은행(SVB) 파산으로 국내 스타트업 업계에서는 투자가 위축될 것이라는 우려가 제기되고 있다. 이에 더불어민주당에서는 이재명 당대표 주재로 지난 21일 '미 SVB 사태 대응 벤처·스타트업 업계 간담회'를 열었다. 중소벤처기업부에서도 16일 'SVB 파산 대응 리스크 점검회의'를 개최했다. 아직 SVB 파산 영향을 정확히 가늠하기는 어렵지만 그 영향은 처음 우려한 것보다는 크지 않을 것으로 예상된다.

그러나 SVB 파산이라는 외부 요인으로 며칠 사이 스타트업 업계의 어려움이 여론의 많은 관심으로나마 이어진 것은 다행이라고 생각한다. 그동안 스타트업은 SVB 파산과 별개로 이미 경기 침체와 투자 감소로 매우 어려운 상황을 보내고 있기 때문에 뒤늦은 관심이라도 필요하다.

중기부 자료에 따르면 2022년 벤처투자 금액은 6조7640억원으로, 2021년 7조6802억원에 비해 11.9% 감소했다. 2022년 3분기와 4분기는 전년 동기

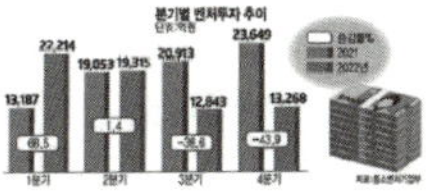


대비 38.6%, 43.9%로 급감했다.

지난해 초만 하더라도 투자자들은 스타트업 성장 가능성에 주목했고, 당장 실제 수익을 올리지 못하더라도 기업 규모가 커지고 있다면 과감하게 투자했다. 이로 말미암아 시드 투자는 물론 시리즈 A, B, C에 이어 프리IPO 단계까지 적극적인 투자환경이 조성돼 한국에서도 투자생태계가 안정적으로 자리 잡았다는 기대가 시장 참여자들에게 널리 공유됐다. 그러나 하반기부터 본격화된 세계적 경기 침체는 투자자에게 스타트업의 성장 가능성과 수익성을 둘 다 확인해야 투자하는 보수적인 방향으로 정책을 수정하도록 만들었다.

문제는 투자 위축의 어려움이 스타트업 업계 전반에 고르게 분산됐다면 그나마 상황이 더 나빠지지는 않았겠지만 이와 반대로 특정 단계의 스타트업에 집중되고 있다는 점이다. 먼저 막 창업한 초기 스타트업이 정부의 창업 패키지 등 지원을 받고 가능성을 인정받아 5억원 이하의 시드 단계 투자까지 유치하는 것은 그리 어려운 일이 아니다. 그러나 이후 데스밸리를 지나고 본격적으로 사업을 확장해야 하는 성장기의 스타트업에 필요한 투자 시장은 말라붙었다.

벤처캐피털(VC)도 투자시장이 위축된 상황에서는 출자자(LP)를 모집하기 어려울 뿐만 아니라 투자 여력이 있다 하더라도 지금 당장 돈을 벌 수 있고 성장 가능성이 검증된 후기 단계 스타트업에 집중하는 것이 합리적이기 때문이다. 그래서 이제 막 정부의 창업 지원을 졸업한 업력 3년 이상의 스타트업 대부분은 당장 돈을 벌지 못하고 매출 실적이 없어서 투자자들의 외면을 받게 된 것이다. 그 결과 투자만 제대로 받았다면 유니콘으로도 성장할 수 있는 양질의 스타트업이 도약은커녕 사업 축소와 인원 감축을 하는 등 대한민국의 미래 성장동력이 떨어지고 있다.

더욱 문제인 것은 민간 투자자들도 더 이상 여력이 없고 어렵기는 마찬가지라는 점이다. 한 예로 벤처펀드 출자사업에서 신생 운용사끼리만 경쟁하는 루키리그가 위축되고 있다. 군인공제회는 루키리그에 2개의 운용사를 선정해서 각 40억원을 출자할 계획이었지만 이번 달 해당 계획을 취소했다. 군인공제회 같은 큰 규모의 출자자들이 리스크를 최소화하기 위해 실적이 검증된 대형운용사 위주로 출자하고 있기 때문이다. 그 결과 자금 조달 능력이 뛰어난 대형 VC와 신생 VC 간 양극화 현상이 벌어지고 있다.

스타트업 투자 생태계는 스타트업의 성장 단계별로 이에 걸맞은 다양한 규모의 VC 투자가 활발히 이어져야 비로소 활성화될 수 있다. 그런데 중간 허리 단계의 투자가 위태롭게 됐으니 기껏 혁신적인 아이디어로 창업 초반의 어려움을 극복해 낸 스타트업들이 더 도약할 발판이 사라진 셈이다.

중기부 통계자료에서도 2022년 중기 스타트업(업력 3~7년)에 대한 투자가 2조7305억원으로 2021년에 비해 7509억원(21.6%)으로 가장 크게 감소했고, 후기 스타트업(업력 7년 초과)에 대한 투자는 2조285억원으로 3106억원 13.3% 감소했다.

또한 올해 통계에서는 정부 주도에서 민간 주도로 벤처투자의 중심을 바꾸겠다는 정부의 기대와 달리 시장의 우려대로 민간투자는 위축됐다는 점이 확인됐다. 애초 2023년 모태펀드 1차 정시 출자 공고에서 정부는 1835억원을 출자해 2800억원 규모의 벤처펀드를 신규 조성한다고 발표했다. 그런데 이를 분석해 본 결과 한국벤처투자가 운용하는 지역혁신 벤처펀드(모펀드) 330억원과 글로벌 펀드(모펀드) 235억원을 제외하면 모태펀드의 최대 출자 비율은 56.8%에 이른다.

반면에 2022년 1차 정시 출자 당시 3700억원 출자에 총 결성액 1조3181억원이 되어 모태펀드 출자 비율이 28%에 그친 것에 비하면 2배나 된 것으로, 그만큼 민간 참여가 저조했다는 것이다. 이 때문에 스타트업·벤처투자 업계에서는 모두 한목소리로 정부의 모태펀드 예산 확충을 요청하고 있다. 초기 스타트업 육성과 데스밸리 극복은 창업진흥원을 중심으로 한 정부의 창업 지원으로 감당할 수 있지만 이후 투자 단계에서는 모태펀드가 확충되어야 경기 침체 국면을 이겨낼 수 있기 때문이다.

또한 지난해 산업통상자원중소벤처기업위원회 예산심사 당시 중기부에서는 모태펀드 예산이 감소하더라도 회수예산을 활용하기 때문에 보완이 가능하다고 주장했지만 올해 모태펀드 2차 정시 출자에서 확인된 회수예산은 3505억원으로 2022년 5628억원에 비해 2123억원이나 감소했다. 2023년 모태펀드 예산 3135억원과 2022년 모태펀드 예산 5200억원까지 감안하면 1년 사이 4188억원이나 줄어든 것이다.

지금 정부에서는 SVB 파산 사태, 이후 불거진 크레디트 스위스 은행의 위기가 국내 경제에 미치는 영향이 없는지 면밀하게 살펴보겠다고 말하고 있다. 그러나 서두에서 설명했지만 아직 이번 사태의 여파가 어디까지 미칠지 모르는 상황에서 국내 스타트업을 위한 신속한 조치는 추경을 통한 모태펀드 예산 확충밖에 없다.

적어도 2022년 모태펀드 예산 5200억원과 2023년 모태펀드 예산 3135억원의 차액인 2065억원 규모로 추경을 편성해야 한다. 그래야 어려움에 빠진 스타트업계가 투자 혹한기를 버티고, SVB 파산 사태로 인한 피해를 예방할 수 있다.

<36.1×20.7cm>

**홍정민 의원은**—
서울대 경제학 학사 졸업 후 석·박사과정을 수료한 경제전문가다. 현재 국회 산업통상자원중소벤처기업위원회에 소속돼 있다. 삼성경제 수석연구원과 로스토리 주식회사 대표로 활동해 왔다. 21대 총선에서 경기 고양시병에 출마해 당선, 국회에 입성했다. 21대 국회 초반에는 과학기술정보방송통신위원회에서 활동하는 등 산업과 경제 관련 분야에서 전문성을 발휘했다. 변호사, 경제학박사, 융·복합 금융전문가, 벤처 최고경영자(CEO)라는 다양한 이력을 밟았다. 당내에서는 정책위원회 부의장, 원내대변인 등을 지냈다.

전자신문 | 2023년 3월 29일 29면

## SVB 파산 대비책, 모태펀드 추가 편성이 해법이다

실리콘밸리은행(SVB) 파산으로 국내 스타트업 업계에서는 투자가 위축될 것이라는 우려가 제기되고 있다. 이에 더불어민주당에서는 이재명 당대표 주재로 지난 21일 '미 SVB 사태 대응 벤처 · 스타트업 업계 간담회'를 열었다. 중소벤처기업부에서도 16일 'SVB 파산 대응 리스크 점검회의'를 개최했다. 아직 SVB 파산 영향을 정확히 가늠하기는 어렵지만 그 영향은 처음 우려한 것보다는 크지 않을 것으로 예상된다. 미국 정부가 예금 전액을 보호하겠다는 파격적인 조치를 발표했기 때문이다.

그러나 SVB 파산이라는 외부 요인으로 며칠 사이 스타트업 업계의 어려움이 여론의 깜짝 관심으로나마 이어진 것은 다행이라고 생각한다. 그동안 스타트업은 SVB 파산과 별개로 이미 경기 침체와 투자 감소로 매우 어려운 상황을 보내고 있기 때문에

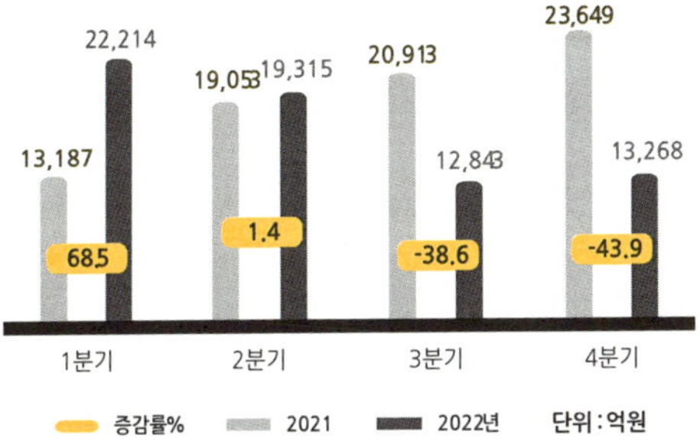

뒤늦은 관심이라도 필요하다.

중기부 자료에 따르면 2022년 벤처투자 금액은 6조 7,640억 원으로, 2021년 7조 6,802억 원에 비해 11.9% 감소했다. 분기별로 보면 2022년 3분기와 4분기는 전년 동기 대비 38.6%, 43.9%로 급감했다.

지난해 초만 하더라도 투자자들은 스타트업 성장 가능성에 주목했고, 당장 실제 수익을 올리지 못하더라도 기업 규모가 커지고 있다면 과감하게 투자했다. 이로 말미암아 시드 투자는 물론 시리즈 A, B, C에 이어 프리 IPO 단계까지 적극적인 투자환경이 조성돼 한국에서도 투자 생태계가 안정적으로 자리 잡았다는 기대가 시장 참여자들에게 널리 공유됐다. 그러나 하반기부터 본격화된 세계적 경기 침체는 투자자에게 스타트업의 성장 가능성과 수익성을 둘 다 확인해야 투자하는 보수적인 방향으로 정책을 수정하도록 만들었다.

문제는 투자 위축의 어려움이 스타트업 업계 전반에 고르게 분산됐다면 그나마 상황이 더 나빠지지는 않았겠지만 이와 반대로 특정 단계의 스타트업에 집중되고 있다는 점이다. 먼저 막 창업한 초기 스타트업이 정부의 창업 패키지 등 지원을 받고 가능성을 인정받아 5억 원 이하의 시드 단계 투자까지 유치하는 것은 그리 어려운 일이 아니다. 그러나 이후 데스밸리를 지나고 본격적으로 사업을 확장해야 하는 성장기의 스타트업에 필요한 투자시장은 말라붙었다.

벤처캐피털(VC)도 투자시장이 위축된 상황에서는 출자자(LP)를 모집하기 어려울 뿐만 아니라 투자 여력이 있다 하더라도 지금 당장 돈을 벌 수 있고 성장 가능성이 검증된 후기 단계 스타트업에 집중하는 것이 합리적이기 때문이다. 그래서 이제 막 정부의 창업 지원을 졸업한 업력 3년 이상의 스타트업 대부분은 당장 돈을 벌지 못하고 매출 실적이 없어서 투자자들의 외면을 받게 된 것이다. 그 결과 투자만 제대로 받았다면 유니콘으로도 성장할 수 있는 양질의 스타트업이 도약은커녕 사업 축소와 인원 감축을 하는 등 대한민국의 미래 성장동력이 떨어지고 있다.

더욱 문제인 것은 민간 투자자들도 더 이상 여력이 없고 어렵기는 마찬가지라는 점이다. 한 예로 벤처펀드 출자사업에서 신생 운용사끼리만 경쟁하는 루키리그가 위축되고 있다. 군인공제회는 루키리그에 2개의 운용사를 선정해서 각 40억 원을 출자할 계획이었지만 이번 달 해당 계획을 취소했다. 군인공제회 같은 큰 규모의 출자자들이 리스크를 최소화하기 위해 실적이 검증된 대형운영사 위주로 출자하고 있기 때문이다. 그 결과 자금 조달 능력이 뛰어난 대형 VC와 신생 VC 간 양극화 현상이 빚어지고 있다.

스타트업 투자 생태계는 스타트업의 성장 단계별로 이에 걸맞은 다양한 규모의 VC 투자가 활발히 이어져야 비로소 활성화될 수 있다. 그런데 중간 허리 단계의 투자가 위태롭게 됐으니 기껏 혁신적인 아이디어로 창업 초반의 어려움을 극복해 낸 스타트업들이 더 도약할 발판이 사라진 셈이다.

중기부 통계자료에서도 2022년 중기 스타트업(업력 3~7년)에 대한 투자가 2조 7,305억 원으로 2021년에 비해 7,509억 원(21.6%)으로 가장 크게 감소했고, 후기 스타트업(업력 7년 초과)에 대한 투자는 2조 285억 원으로 3,105억 원 13.3% 감소했다. 같은 기간 초기 스타트업(업력 3년 미만)에 대한 투자만 2조 50억 원으로 전년 대비 1,452억원(7.8%) 증가했다.

또한 올해 통계에서는 정부 주도에서 민간 주도로 벤처투자의 중심을 바꾸겠다는 정부의 기대와 달리 시장의 우려대로 민간투자는 위축됐다는 점이 확인됐다. 애초 2023년 모태펀드 1차 정시 출자 공고에서 정부는 1,835억 원을 출자해 2,800억 원 규모의 벤처펀드를 신규 조성한다고 발표했다. 그런데 이를 분석해 본 결과 한국벤처투자가 운용하는 지역혁신 벤처펀드(모펀드) 330억 원과 글로벌 펀드(모펀드) 235억 원을 제외하면 모태펀드의 최대 출자 비율은 56.8%에 이른다.

반면에 2022년 1차 정시 출자 당시 3,700억 원 출자에 총 결성액 1조 3,181억 원이 모여 모태펀드 출자 비율이 28%에 그친 것에 비하면 2배나 뛴 것으로, 그만큼 민간 참여가 저조했다는 것이다. 이 때문에 스타트업 · 벤처투자 업계에서는 모두 한목소리로 정부의 모태펀드 예산 확충을 요청하고 있다. 초기 스타트업 육성과 데스밸리 극복은 창업진흥원을 중심으로 한 정부의 창업 지원으로 감당할 수 있지만 이후 투자 단계에서는 모태펀드가 확충되어야 경기 침체 국면을 이겨낼 수 있기 때문이다.

또한 지난해 산업통상자원중소벤처기업위원회 예산심사 당시 중기부에서는 모태펀드 예산이 감소하더라도 회수예산을 활용하기 때문에 보완이 가능하다고 주장했지만 올해 모태펀드 2차 정시 출자에서 확인된 회수예산은 3,505억 원으로 2022년 5,628억 원에 비해 2,123억 원이나 감소했다. 2023년 모태펀드 예산 3,135억 원과 2022년 모태펀드 예산 5,200억 원까지 감안하면 1년 사이 4,188억 원이나 줄어든 것이다. 그나마 2021년 회수예산 2,555억 원에 비해서는 약 1천억 원 많지만 2021년에는 모태펀드 예산만 8천억 원이었다.

지금 정부에서는 SVB 파산 사태, 이후 불거진 크레디트 스위스 은행의 위기가 국내 경제에 미치는 영향이 없는지 면밀하게 살펴보겠다고 말하고 있다. 그러나 서두에서 설명했지만 아직 이번 사태의 여파가 어디까지 미칠지 모르는 상황에서 국내 스타트업 업계가 위한 신속한 조치는 추경을 통한 모태펀드 예산 확충밖에 없다.

적어도 2022년 모태펀드 예산 5,200억 원과 2023년 모태펀드 예산 3,135억 원의 차액인 2,065억 원 규모로 추경을 편성해야 한다. 그래야 어려움에 빠진 스타트업계가 투자 혹한기를 버티고, SVB 파산 사태로 인한 피해를 예방할 수 있다.

| 기업형 벤처캐피털 |

# 한국의 CVC는 모험을 할 수 없다

유튜브가 한국 모바일시장 전통의 1위 앱인 카카오톡을 위협하고 있다. 모바일 빅데이터 기업 아이지에이웍스의 모바일인덱스 통계에 따르면 2023년 8월 한국의 유튜브 사용자 수는 4천 162만 7,075명으로 한국의 카카오톡 사용자 수인 4천 196만 6,874명을 불과 34만 명 차이로 따라잡았다.

이는 유튜브로 상징되는 동영상 소통이 모바일 시대에 각 분야에서 보편화되었기 때문이었다. 유튜브는 현재 사실상 검색포털과 같은 역할을 수행하고 있다. 또한 기존 방송뉴스는 유튜브 채널에서 클립 형태로 보여지고 있고 관심 있는 정치부터 취미까지 각종 관심 분야의 유튜브 채널을 구독 형태로 소비하는 등 유튜브는 단순히 영상 플랫폼으로서의 영역을 넘어섰다.

그런데 유튜브는 원래 구글에서 시작된 서비스가 아니라 미국의 스타트업으로 조그맣게 출발했다는 사실을 아는 사람들은 많지 않다.

구글은 2006년 창업한 지 1년도 채 되지 않은 유튜브를 16억 5천만 달러(한화 2조 2천억 원)를 지불하고 인수했다. 당시만 해도 유튜브는 동영상을 저장해놓는 아카이브 용도로 주로 사용됐고, 현재처럼 유튜버의 활동과 같은 콘텐츠를 생산하고 유통하는 플랫폼 역할은 아니었다.

구글의 인수 이후 유튜브는 해마다 급격히 성장하며 전 세계 동영상 플랫폼 시장을 장악했다. 2019년 유튜브의 광고매출만 151억 5천만 달러(한화 18조 원)에 달하며 기업가치는 200조 원에 달했다. 인수한 지 13년 만에 기업가치가 100배 가까이 뛴 것이다.

구글과 유튜브 사례처럼 금융회사가 아닌 일반적인 산업 분야 기업이 직접 스타트업에 투자해서 모기업과의 시너지를 낼 수 있도록 하는 제도를 CVC(기업형 벤처캐피탈)라 한다. 우리가 흔히 알고 있는 벤처캐피탈은 금융회사가 재무적인 수익을 얻기 위해 운영하는 것이고, 이와는 다르게 CVC는 모기업의 오픈이노베이션과 성장동력 확보를 주된 목표로 한다는 점에서 구분된다.

그러나 이러한 필요성에도 한국에서는 CVC가 최근인 2021년 12월에야 간신히 여러 제약조건을 달고서야 제도가 도입될 수 있었다.

당초 CVC 도입을 반대하는 목소리가 거셌다. 그러나 CVC 제도의 당사자인 스타트업 업계에서 대기업의 스타트업 투자는 세계적인 흐름이라며 찬성 입장을 강력하게 표출했다.

특히 코로나 사태 장기화로 인해 투자심리가 얼어붙은 상황에서 스타트업의 생존을 위해서는 산업자본의 투입이 필요하다는 절박함이 제기되는 등 숱한 논쟁 끝에 CVC를 허용하는 내용을 담은 공정거래법 개정안이 결국 국회 본회의를 통과했다.

또한 국내 최대 배달대행서비스 플랫폼 '배달의 민족'이 독일

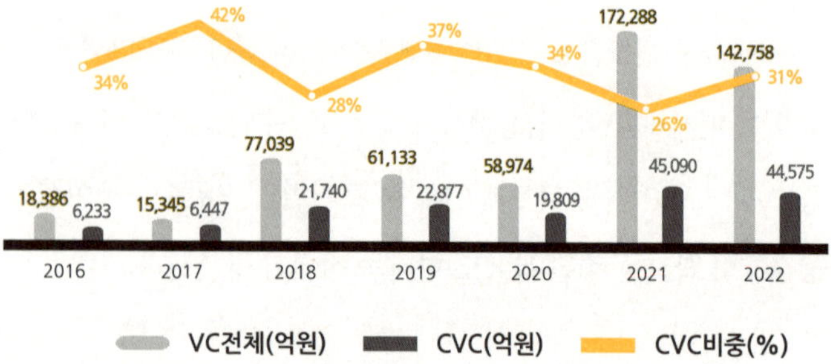


기업에 인수되면서 국내에서 애써 키운 유니콘 기업을 해외에 빼앗겨서는 안 된다는 여론이 들끓었던 것도 CVC 도입을 허용하게 한 주요 트리거였다. 2019년 12월 글로벌 배달앱 1위 업체인 독일의 딜리버리히어로가 4조 8천억 원에 배달의민족을 인수합병하겠다고 발표했다. 당시 딜리버리히어로는 국내 배달앱 2위 기업인 요기요도 운영하고 있는 상황이었다.

기껏 키운 유니콘 기업이 최종적으로 해외 자본에 매각된 것에 사회적으로 경각심을 가져야 한다는 의견이 대두되었고, 이는 결국 대형 자본을 갖춘 산업기업이 스타트업 투자를 허용할 수 있도록 길을 터줘야 한다는 주장으로 이어졌다.

요기요

이렇듯 제도 시작부터 이견이 상당했던 만큼 한국의 CVC는 외국과 달리 상당한 규제를 달고 시행됐지만, CVC는 조금씩 성장하고 있는 상황이다.

미국의 SVB(실리콘밸리 뱅크) 파산 사태나, 고금리의 장기간 지속으로 전 세계적인 벤처투자시장이 위축된 상황에서 2022년도 한국 전체 VC 투자는 14조 2,700억 원으로, 2021년도 17조 2,200억 원에 비해 17%가량 감소했다.

그러나 CVC는 4조 5천억 원에서 4조 4,500억 원으로 같은 수준을 유지했다. 이에 전체 VC 투자에서 CVC가 차지하는 비중도 2021년 26%에서 2022년 31%로 5%p 증가하는 등 벤처투자 시장이 불황을 겪고 있는 상황에서도 선방하고 있다. 여전히 해외 CVC에 비해서는 작은 규모이지만 유의미한 역할을 수행하고 있는 것이다.

그러므로 향후 CVC를 더욱 발전시키기 위해서는 현재 CVC에 대한 규제를 살펴보고 필요한 규제와 불필요한 규제를 나눠서 살펴볼 필요가 있었다.

CVC 규제의 구체적인 내용으로는 벤처기업에 대한 투자를 촉진하기 위하여 일반지주회사의 CVC 보유는 허용하되, 지주회사가 CVC 지분 100%를 보유하도록 하고, CVC 부채비율을 200%로 제한하며, CVC가 투자조합별로 40% 내에서만 외부자금 출자를 받을 수 있고, CVC의 총자산의 20% 범위에서만 해외투자를 할 수 있도록 하는 다수의 행위 제한 규정이 도입됐다.

먼저 규제의 긍정적인 부분부터 언급하자면 업무 범위를 '투자' 행위로 국한함으로써 CVC의 私(사) 금고화 문제를 방지할 수 있었다. 모기업이 CVC의 자금을 끌어다 쓸 수 없도록 여신 등 다른 금융업 행위는 금지함으로써 금산분리의 원칙을 훼손하지 않는 선에서 일반지주회사의 투자업무가 가능하도록 균형점을 찾았다고 평가한다.

두 번째로 투자금지 대상으로 총수 일가가 지분을 보유한 기업과 계열회사, 그리고 대기업 집단에 대한 투자를 금지함으로써 대기업 내부 계열사에 대한 부당지원이나 편법승계를 막는 규제도 긍정적이다.

CVC가 대기업 오너에 의해 부정하게 악용될 수 있는 여지를 상당 부분 방지할 수 있기 때문이다.

세 번째로 일반지주회사가 지분을 100% 보유한 완전 자회사로만 설립요건을 엄격하게 만든 것도 필요한 조치라 평가한다. 만약 CVC의 지분이 여러 곳으로 분산된다면 특정 주주들이 단기적인 수익 극대화를 요구할 때 이를 거절하기 힘들다. 이는 장기적인 관점에서 모기업과의 시너지 효과를 창출한다는 CVC 도입 취지와도 배치되기에 CVC의 독립성 보장은 꼭 필요하다.

반면에 현재 과도하거나 불필요한 규제를 지적하자면 먼저 외부자금 조달범위를 펀드 조성금액의 40% 이내로 제한한 것은 지나치다. 애초에 CVC라는 단어 자체의 뜻이 모험자본이라는 뜻인데 모험을 할 수 있는 여지를 막아놨기 때문이다.

무엇보다 외부자금 조달 제한 때문에 펀드의 규모를 크게 늘릴 수 없다. 펀드 규모의 60%를 자기 자본으로 채울 수밖에 없으니 아무리 대기업이라 할지라도 기존 주력 사업투자 이후 별도로 스타트업에 투자하기에는 자금 여력이 부족하다.

즉 CVC가 내부 자금으로만 운영하는 것은 규모의 경제를 달성하기에 한계가 있으며, 상황에 따라 레버리지를 이용해 외부 자금 비중을 높이는 것도 허용해야 한다.

벤처투자 시장이 얼어붙은 지금, 민간투자 활성화의 첫 단추는 공정거래법 개정으로 발전 여력이 높은 CVC의 외부 자금 차입 및 출자 한도를 과감히 풀어주는 것에서 시작해야 한다. 규제 개선을 반대하는 측에서는 CVC가 기업 총수 일간의 편법 지원 등에 악용될 수 있다면서 우려하고 있지만, 한국의 금융감독 기능은 이를 허용할 정도로 허술하지 않다.

매일경제

# 기업형 벤처캐피털이 이름값 하려면

매경이코노미스트
홍 정 민 국회의원(경제학 박사)

**기업의 막강한 자금 활용해 스타트업 키우겠다던 CVC 외부차입·출자 한도 규제로 도입 1년 지났지만 9개뿐 국내 산업자본 투자길 막혀**

작년에 이어 올해에도 벤처투자 한파가 지속될 전망이다. 유니콘의 자리를 넘보며 언론의 스포트라이트를 받았던 스타트업 상당수가 상장을 포기하거나 투자유치 실패로 어려움을 겪고 있다. 감원 및 사업부 매각·축소를 발표하며 구조조정에 돌입한 경우도 어렵지 않게 찾아볼 수 있다.

설상가상으로 2023년도 모태펀드 예산이 삭감되어 정부 자금에 기댈 수도 없다. 투자업계 일각에서는 2008년 금융위기 당시를 거론하면서 위기 때 투자해야 수익률이 더 높다며 투자 활성화를 장려하고 있다. 그러나 투자시장이 메마른 지금, 그림의 떡일 뿐이다.

결국 정부와 스타트업 업계는 해외 VC 투자유치에서 답을 찾고 있다. 한국벤처투자는 사우디아라비아 모태펀드 운용사인 SVC와 업무협약을 체결하는 등 국내 스타트업에 대한 대규모 후속 투자유치를 목표로 하고 있다. 물론 해외 자본의 국내 투자는 당연히 독려해야 하지만 국내 VC들이 규모가 작거나 자금 사정이 어려워 시리즈C 이상의 후속 투자에서 배제되고 있다는 점은 큰 문제다.

그런데 국내 자본은 결코 부족하지 않다. 전 세계 경제 규모 10위의 국가에서 자본이 없다는 것은 말이 되지 않는다. 부족해 보이는 이유는 국내 산업자본을 투자시장으로 연결하는 밸브를 막아 놓은 규제, 대표적으로 반쪽짜리 CVC(기업형 벤처캐피털)만 허용하고 있는 공정거래법 때문이다.

현행 공정거래법에서 CVC의 외부 자금 차입은 자기자본금의 200% 이내로 제한되며, 펀드를 조성할 때도 40% 이내에서만 외부 자금 출자를 받을 수 있다. CVC는 애초에 모험자본에 해당되는데 리스크를 감수할 수 없도록 꽁꽁 싸맨 것이다. 이에 CVC 상당수가 자금을 모집해 투자하는 것이 아니라 모기업의 매출을 일부 떼어서 투자를 하고 있는 실정이다. 이 때문에 일반지주회사의 CVC 보유가 허용된 지 1년이 지난 지금에도 CVC를 보유하고 있는 지주회사는 9개에 불과하다. 조성된 총 자금 규모 역시 1511억원에 그친다. 기업의 막강한 자금력을 스타트업 투자로 이끌겠다는 도입 취지도 무색해졌다.

반면 해외에서는 CVC가 벤처 투자를 선도하고 있다. CB인사이트에 따르면 2021년 미국에서 CVC 투자 금액은 869억달러(한화로 110조원 규모)로 전년도인 2020년의 405억달러에서 2배 이상 증가했고, 이는 미국 전체 VC투자의 절반 정도를 차지한다.

이렇게 CVC가 투자시장을 주도하는 이유는 투자성과가 재무와 기업혁신 양 측면에서 분명하기 때문이다. 일례로 구글의 경우 구글벤처스를 비롯한 3개의 CVC를 운영하며 수백 개의 스타트업에 투자하고 있다. 영상 데이트 사이트였던 유튜브의 기업가치가 구글이 2006년 2조 2000억원에 인수한 이후 2020년 200조원을 돌파했다는 사례는 워낙 유명하다. 우리가 알고 있는 구글 스피커도 스마트 홈디바이스 스타트업 네스트를 구글이 2014년에 인수한 결과물이다.

현행 제도로는 스타트업에 대한 민간투자 활성화 목표는 사실상 달성이 불가능하다. 국내 산업자본의 투자시장으로의 건전한 유입이 막혀 있는 한, 해외 자본은 스케일업의 끝단에서만 주로 투자한다는 한계가 있기 때문이다. 이에 더해 초기 투자 단계에서도 신기술 또는 모기업의 제품 포트폴리오에 통합될 수 있는 기업들을 인수해 성장한다는 CVC 도입 취지를 살리지 못하고 있다.

이 때문에 벤처투자 시장이 얼어붙은 지금, 민간투자 활성화의 첫 단추는 공정거래법 개정으로 CVC의 외부 자금 차입 및 출자 한도를 과감히 풀어주는 것에서 시작해야 한다. 규제 개선을 반대하는 측에서는 CVC가 재벌의 편법 상속에 악용될 수 있다면서 우려하고 있지만, 한국의 금융감독 기능은 이를 허용할 정도로 허술하지 않다.

(16.8*21.2)cm

매일경제 매경이코노미스트 | 2023년 1월 10일 31면

## 기업형 벤처캐피털이 이름값 하려면

**기업의 막강한 자금 활용해 스타트업 키우겠다던 CVC**

**외부차입 · 출자 한도 규제로 도입 1년 지났지만 9개뿐**

**국내 산업자본 투자길 막혀**

작년에 이어 올해에도 벤처투자 한파가 지속될 전망이다. 유니콘의 자리를 넘보며 언론의 스포트라이트를 받았던 스타트업 상당수가 상장을 포기하거나 투자유치 실패로 어려움을 겪고 있다. 감원 및 사업부 매각 · 축소를 발표하며 구조조정에 돌입한 경우도 어렵지 않게 찾아볼 수 있다.

설상가상으로 2023년도 모태펀드 예산이 삭감되어 정부 자금에 기댈 수도 없다. 투자업계 일각에서는 2008년 금융위기 당시를 거론하면서 위기 때 투자해야 수익률이 더 높다며 투자 활성화를 장려하고 있다. 그러나 투자시장이 메마른 지금, 그림의 떡일 뿐이다.

결국 정부와 스타트업 업계는 해외 VC 투자유치에서 답을 찾고 있다. 한국벤처투자는 사우디아라비아 모태펀드 운용사인 SVC와 업무협약을 체결하는 등 국내 스타트업에 대한 대규모 후속 투자유치를 목표로 하고 있다. 물론 해외 자본의 국내 투자는 당연히 독려해야 하지만 국내 VC들이 규모가 작거나 자금 사정이 어려워 시리즈 C 이상의 후속 투자에서 배제되고 있다는 점은 큰 문제다.

그런데 국내 자본은 결코 부족하지 않다. 전 세계 경제 규모 10위의 국가에서 자본이 없다는 것은 말이 되지 않는다. 부족해 보이는 이유는 국내 산업자본을 투자시장으로 연결하는 밸브를 막아 놓은 규제, 대표적으로 반쪽짜리 CVC(기업형 벤처캐피털)만 허용하고 있는 공정거래법 때문이다.

현행 공정거래법에서 CVC의 외부 자금 차입은 자기자본금의

200% 이내로 제한되며, 펀드를 조성할 때도 40% 이내에서만 외부 자금 출자를 받을 수 있다. CVC는 애초에 모험자본에 해당되는데 리스크를 감수할 수 없도록 꽁꽁 싸맨 것이다. 이에 CVC 상당수가 자금을 모집해 투자하는 것이 아니라 모기업의 매출을 일부 떼어서 투자를 하고 있는 실정이다. 이 때문에 일반지주회사의 CVC 보유가 허용된 지 1년이 지난 지금에도 CVC를 보유하고 있는 지주회사는 9개에 불과하다. 조성된 총자금 규모 역시 1,511억원에 그친다. 기업의 막강한 자금력을 스타트업 투자로 이끌겠다는 도입 취지도 무색해졌다.

반면 해외에서는 CVC가 벤처 투자를 선도하고 있다. CB인사이트에 따르면 2021년 미국에서 CVC 투자금액은 869억 달러(한화로 110조 원 규모)로 전년도인 2020년의 405억 달러에서 2배 이상 증가했고, 이는 미국 전체 VC 투자의 절반 정도를 차지한다.

이렇게 CVC가 투자시장을 주도하는 이유는 투자성과가 재무와 기업혁신 양 측면에서 분명하기 때문이다. 일례로 구글의 경우 구글벤처스를 비롯한 3개의 CVC를 운영하며 수백 개의 스타트업에 투자하고 있다. 영상 데이트 사이트였던 유튜브의 기업가치가 구글이 2006년 2조 2,000억 원에 인수한 이후 2020년 200조 원을 돌파했다는 사례는 워낙 유명하다. 우리가 알고 있는 구글 스피커도 스마트 홈디바이스 스타트업 네스트를 구글이 2014년에 인수한 결과물이다.

현행 제도로는 스타트업에 대한 민간투자 활성화 목표는 사실상 달성이 불가능하다. 국내 산업자본의 투자시장으로의 건전한 유입이 막혀 있는 한, 해외 자본은 스케일업의 끝단에서만 주로 투자한다는 한계가 있기 때문이다. 이에 더해 초기 투자단계에서도 신기술 또는 모기업의 제품 포트폴리오에 통합될 수 있는 기업들을 인수해 성장한다는 CVC 도입 취지를 살리지 못하고 있다.

이 때문에 벤처투자 시장이 얼어붙은 지금, 민간투자 활성화의 첫 단추는 공정거래법 개정으로 CVC의 외부 자금 차입 및 출자 한도를 과감히 풀어주는 것에서 시작해야 한다. 규제 개선을 반대하는 측에서는 CVC가 재벌의 편법 상속에 악용될 수 있다면서 우려하고 있지만, 한국의 금융감독 기능은 이를 허용할 정도로 허술하지 않다.

**홍정민의 경제를 읽어드립니다**

초판 1쇄 발행 2023년 11월 27일

지은이 홍정민
펴낸이 이세연
편 집 최은정
디자인 유혜현(본문)
서승연(표지)
제 작 npaper

ⓒ 일러스트 오윤정

펴낸곳 꿈꾸는 정원
주 소 (04091) 서울특별시 마포구 토정로 222 한국출판콘텐츠센터 301-1호


ISBN 979-11-980161-7-1 03300